Gisela Preuschoff
Andrea F. Cremer

Vom Lieben und Loslassen

Die Mutter-Kind-Bindung in den
ersten drei Lebensjahren

W0174581

Walter Verlag

Die Deutsche Bibliothek – CIP Einheitsaufnahme

Preuschoff, Gisela:
Vom Lieben und Loslassen : die Mutter-Kind-Bindung in den
ersten drei Lebensjahren / Gisela Preuschoff ; Andrea F.
Cremer. - Düsseldorf : Walter, 2001
ISBN 3-530-40113-7

© 2001 Patmos Verlag GmbH & Co. KG
Walter Verlag, Düsseldorf und Zürich
Alle Rechte, einschließlich derjenigen des auszugsweisen
Abdrucks sowie der fotomechanischen und elektronischen
Wiedergabe, vorbehalten.
Umschlaggestaltung: Groothuis & Consorten, Hamburg
Satz: Josefine Urban – KompetenzCenter, Düsseldorf
Druck und Bindung: Wöhrmann, NL-Zutphen

Inhalt

der himmel ist nah ...

auf den schaukeln
ist der himmel nah
der abendwind bewegt die halme
woher das kinderhaar?
aus den wiesen
die fäden der gerste
streichen über deine wange
lila blüte steigt ins blau
du suchst schon im mai
nach erdbeeren
wir rennen wie die geißlein

eine letzte weiße wolke
zeigt mir die sehnsucht
in meinem hinterkopf
woher das kinderhaar?

ein blauer und ein brauner traktor
jetzt fällt die sonne hinter den horizont
im stall ruhen die kälber
woher das kinderhaar?
der himmel schläft

Vorwort

Dies ist ein ganz besonderes Buch. Es entstand aus einer Begegnung.

Zwei Mütter, die sich nie zuvor gesehen haben, und unzählige Kinder, darunter unsere eigenen, haben es entstehen lassen. Nach der erfolgreichen Zusammenarbeit mit Theresia Maria de Jong *(Im Dialog mit dem Ungeborenen)* kam mir, Andrea Cremer, die Idee zu einem neuen Buch. Seit Jahren schreibe ich literarische Texte, die meine Erfahrungen mit den eigenen kleinen Kindern festhalten.

Vielleicht wird es Ihnen, liebe Leserin, ähnlich gehen. Während Sie Seite für Seite lesen, was wir Autorinnen aus unserem Leben, aus Büchern, Wissenschaft und eigenen Erfahrungen zusammengetragen haben, werden Sie vielleicht oft denken: Ja, das kenne ich, so ähnlich geht es mir auch. Das Leben ist eine Kette von Augenblicken. Es fällt nicht leicht, diese unvergeßlichen Momente, diese heftigen oder auch sehr zarten Gefühle, die uns Mütter jeden Tag begleiten, in Worten zu fassen. Meine Texte wollen Mut machen, zu Gefühlen zu stehen und Ja zu sagen, zu all den schönen, erschütternden, schmerzhaften und zauberhaften Momenten im Leben mit Kindern.

Als Familientherapeutin habe ich wiederum, Gisela Preuschoff, Berufswissen und Erfahrungen mit eigenen, schon erwachsenen Kindern einfließen lassen. Ganz deutlich und detailliert sind in der Erinnerung die Momente aus den ersten Tagen, Wochen und Jahren des Mutterseins gespeichert. Vieles vergißt man nie. So einschneidend ist das Erlebnis, als Mutter geboren zu werden.

Auf diese Weise ist ein sehr persönliches, gefühlvolles, aber auch sachliches und auf wissenschaftlicher Forschung basierendes Buch entstanden, um das Wechselspiel von Binden und Loslassen in den ersten drei Lebensjahren zu beleuchten. Dabei vereinte uns Autorinnen das große Staunen:

Die Bindung, die sich zwischen Mutter und Kind spätestens nach einem positiven Schwangerschaftstest ergibt, ist ein Wunder.

Wie alle Wunder ist auch Bindung anfällig für Störungen. Die Bedingungen, unter denen sich das Wunder entfalten kann, müssen harmonisch sein.

Wir haben heute Feng-Shui-Berater, die uns helfen, Geschäftsräume und Wohnungen so zu gestalten, daß positive Energie fließen kann.

Jungen Familien fehlt so eine Beratung häufig. Zusätzlich fühlen sie sich beschämt, wenn sie mit dem nicht klarkommen, was ja eigentlich natürlich sein müßte: dem Kinderhaben.

In einer Welt, die von Technik und Fortschritt geprägt ist, vergessen wir oft, daß Nahrung noch immer auf Feldern wächst und daß wir Menschen Teil der Natur – und damit auch der Biologie – sind. So verlieren wir leicht den Kontakt zu unserem Ursprung, den natürlichen Wurzeln. In einer Zeit, in der wir für uns und unsere Kinder fast alles haben, fällt es schwer, das Einfache und Natürliche zu geben: Zeit, Nähe, Wärme und Geborgenheit. Das ist es, was Kinder in den ersten drei Jahren vor allem brauchen.

Wir möchten mit diesem Buch vor allem Mut machen: Mütter und Väter, geht euren Weg der Hingabe und Mühe weiter. Es lohnt sich!

So schwierig die ersten Jahre auch erscheinen mögen, sie sind Investitionen in zukünftiges Glück. Die sichere Bindung, die ihr in den ersten Lebensjahren mit eurem Kind eingeht, das Vertrauen und die Liebe, die auf dieser Grundlage wachsen, sind ein Reichtum, den es lebenslang mit sich trägt.

Nicht nur sein Leistungsvermögen und seine soziale Kompetenz, sein ganzes Lebensgefühl, sein Optimismus und seine Liebesfähigkeit werden von dieser ersten Bindung geprägt sein. Die sichere Bindung, die in den ersten Jahren entsteht, ist wie das Seil auf den Kletterpartien des Lebens. Wenn es hält, kann nichts wirklich Schlimmes passieren.

Und dann gilt es noch jene andere Seite zu berücksichtigen, wenn das Baby anfängt, sich selbständig zu machen: es loszulassen, es in seinem Forschungs- und Erfahrungsdrang nur da einzuschränken, wo ihm ernste Gefahr droht.

Das Loslassen ist nicht immer einfach. Das Abgeben an fremde Personen – etwa Erzieherinnen im Kindergarten – fällt schwer. Es ist jeden Tag ein Balanceakt, ein Lieben und Lösen, ein Festhalten und Freigeben.

Von diesen typischen Ängsten und Konflikten, von gelungenen Lösungen und vertrauensvollen Erfahrungen handelt dieses Buch.

Möge es Sie in dem bestärken, was Ihr Herz schon immer gefühlt hat.

Andrea F. Cremer
Gisela Preuschoff

Einleitung

Als ich als Psychotherapeutin begann, mich wieder mit den Bindungstheorien John Bowlbys und seiner Schülerinnen zu beschäftigen, sind etliche Kinder und inzwischen Erwachsene vor meinem inneren Auge vorbeigezogen, die als Babys und Kleinkinder niemals die Chance hatten, sichere Bindung herzustellen.

Bis heute müssen sie darum kämpfen, Geborgenheit und Vertrauen als Gefühle in sich selbst zu erfahren. Und wie viele Kinder mußten therapeutisch beeinflußt werden, bevor sie überhaupt eine stabile, von liebevollen Gefühlen getragene Beziehung zu einem Menschen aufbauen konnten. Wie viele Lernschwierigkeiten und Probleme ließen sich vermeiden, wenn alle Kinder sicher gebunden wären!

Obwohl sich dieses Buch in erster Linie an junge Eltern wendet, könnte es doch auch Erzieherinnen und Lehrer interessieren. Wer sich für die Nöte der Kinder öffnet, die von der Unsicherheit ihrer ersten Lebensjahre geprägt sind, wird klar erkennen, daß am Anfang aller Lernprozesse und Verhaltensänderungen immer die Beziehung stehen muß. Erziehung ist Beziehung, heißt es so treffend!

Wir müssen zuerst an der Bindung und dann am Verhalten arbeiten. Gerät nicht allzu oft in Vergessenheit, daß Menschen soziale Wesen sind, deren Wohl und Wehe unabdingbar mit der Sprache der Annahme und liebevollen Verbindung verknüpft ist? Wenn heute viel von Jugendgewalt die Rede ist, dann müssen wir uns fragen, was jene jungen Menschen in ihren ersten Lebensjahren erlebt haben, wenn sie heute andere niedertreten, bedrohen oder ausrauben.

Der Mensch ist von Geburt an sozial. Das Neugeborene nimmt von sich aus Kontakt auf! Wenn sich heute viele unsozial verhalten, dann halten sie uns damit allen einen Spiegel vor. Auf den Trobriand-Inseln, so haben Forscher des Max-Planck-Instituts herausgefunden, gibt es ein solches Verhalten nicht. Es gibt dort aber auch keine isolierten Mütter, die ihre Kinder in Armut, Einsamkeit und ohne Unterstützung der Menschen um sie herum aufziehen müssen. Eine Welt, die soziale Menschen hervorbringt, ist vor allem zu ihren Müttern und Kindern sozial. Sie läßt ihnen alle nur erdenkliche Liebe und Fürsorge zuteil werden. In unserer kommerziell orientierten Gesellschaft werden uns vor allem Baby-Artikel angeboten: vom Kinderwagen bis zum Gitterbett, vom Autositz bis zum Lauflerngerät und Super-Learning-Programm.

Niemand kann diese Zustände von heute auf morgen ändern. Zu Beginn des neuen Jahrtausends verfügen Eltern jedoch über ein Wissen, das über viele Jahre verschüttet war, aber heute wieder aufzutauen beginnt: Das, was wir in unserem Innersten gefühlt und mit dem Herzen gesehen haben, ist wirklich wahr: Es geht vor allem um die Liebe. Es geht vor allem um das Gefühl, von einem Menschen angenommen, gemocht und akzeptiert zu werden, mit all seinen Vorzügen und Schwächen. Es geht um die Gemeinschaft von Menschen – und nicht um Isolation, Konsum und Scheinwelten.

Lieben und Loslassen bedingen einander. Jedes Kind hat den starken Willen, es selbst zu werden. Es möchte in seiner Einzigartigkeit erkannt und respektiert werden. Es möchte wachsen und sich entfalten, sein Potential ausschöpfen und sich selbst erproben. Das kann es nur, wenn es sich von den Eltern löst und wenn die Eltern es loslassen. Zuerst für nur ein paar Minuten, und dann für immer längere Zeit.

Niemals wird ein Buch Ihre eigenen, einzigartigen Erfahrungen ersetzen können, liebe Leserin.

Wir hoffen jedoch, daß Sie auf den folgenden Seiten Denkanstöße, Ideen, Sichtweisen und vor allem Ermutigungen finden!

Erwachsen

Du betrachtest Dich im Spiegel, der in Deinem Jungmädchenzimmer steht.

Dein Leib ist runder, nach der Geburt, die Hüften ein wenig breiter, nicht wesentlich, aber sichtbar für Dich selbst. Du hast keine Schwangerschaftsstreifen und auch keinen Kaiserschnitt und dennoch – die kleinen Falten an Deinem Bauch sind da und werden es auch bleiben. Du kannst nichts dagegen tun.

Du willst es auch nicht.

Dornröschen hat ein Kind.

Du selbst hörst auf, ein Kind zu sein.

Das geht eigentlich nicht, denkst Du für einen kurzen Moment, so zart, so unberührt. Alles ist noch rückgängig zu machen.

Jetzt nicht mehr. Nichts wird so sein wie vorher.

Vor allem der Leib.

Keine Verantwortung zuvor, keine Schwere, keine Pflicht, keine Last . . .

Du hättest genausogut auch weg sein können.

Doch nein . . . jetzt geschieht es mit Dir: Das Leben.

Später ist es ohne Angst, und das Älterwerden hat seinen Schrecken verloren.

Die Welt scheint runder, wie Dein Körper, von Sinn gefüllt.

Du darfst jetzt erwachsen werden.

Du bist Mutter und Deine Mutter ist Großmutter.

Du hast mit ihr Frieden geschlossen.

Endlich. Die Erinnerungen an die Kindheit sind nicht mehr so wichtig.

Leben kommt nach dem Leben. Du bist frei.

Bleibe bei mir: Ankunft eines kleinen Menschen

Willkommen!? Leben mit einem Neugeborenen

Niemand kann es vorher wissen, und kein Ultraschall kann die Frage beantworten: Wer ist da angekommen? Redet man mit Erwachsenen, behaupten sie oft: »Niemand wollte mich« oder »Ich bin ein Pessar-Kind. Eigentlich nicht gewollt.«

»Ich bin ein Wunschkind« oder »Mamas kleiner Sonnenschein« werden zukünftige Erwachsene wahrscheinlich häufiger sagen als unsere Großeltern und Eltern, die Krieg, Flucht, Vertreibung und Hunger kannten. In dieser Zeit konnte man sich wenig Gedanken über Bindung und Liebesfähigkeit machen. Erst in den fünfziger Jahren erhielt der englische Psychoanalytiker John Bowlby den Auftrag, für die Weltgesundheitsorganisation WHO einen Bericht über die psychische Befindlichkeit von Eltern und heimatlos gewordenen Kindern zu erstellen und gleichzeitig an der Londoner Tavistock-Klinik eine Abteilung für Kinderpsychiatrie aufzubauen. Ob der aus einer wohlhabenden Familie stammende John Bowlby sich auch deshalb so sehr für die Beziehung von Eltern und Kindern interessierte, weil er selbst täglich nur wenige Stunden bei seiner Mutter sein durfte und von einem Kindermädchen erzogen wurde, das er schon mit drei Jahren verlor?

Aus der Arbeit mit psychisch gestörten Kindern heraus entwickelte Bowlby die Bindungstheorie, die besagt, daß jeder Mensch ein biologisch angelegtes Bindungssystem besitzt. Die Art der Bindung zwischen Eltern und Kind in den ersten Lebensjahren ist lebenslang bedeutsam. Aber dieses System, das dem Neugeborenen das Überleben sichert, ist empfindlich und störanfällig, und jeder, der mit einem Neugeborenen gelebt hat, weiß, wie ambivalent die eigenen Gefühle oft sein können. John Bowlby und seinen Forschungen und Fallstudien ist es auch zu verdanken, daß heutige Babys und Kleinkinder im Krankenhaus regelmäßig besucht und zum Teil rund um die Uhr von ihren Müttern betreut werden dürfen. Sein Film »A two years old girl goes to hospital« aus dem Jahr 1952, das Protest, Trauer und Anpassung eines kleinen Mädchens im Krankenhaus zeigt, erregte weltweit Aufsehen und führte schließlich zu der Mitaufnahme von Müttern in vielen Krankenhäusern.

Obwohl es heutige Neugeborene oft einfacher haben als die Babys der Kriegsgenerationen und obwohl wir heute sehr viel mehr über die Entwicklung und die Kompetenz des Neugeborenen wissen, ergeben sich immer noch viele Fragen und Probleme, die in diesem Buch angesprochen werden sollen.

Meiner Meinung nach entwickelt sich Bindung schon vor der Geburt, ja, vor der Schwangerschaft. Ich gehe davon aus, daß eine Seele sich die Eltern, bei denen es sich inkarnieren möchte, auswählt. Sie müssen als Leser dieses Buches nicht an Wiedergeburt glauben, um sich von den hier dargelegten Gedanken anregen zu lassen. Sie können das Buch auch mit Gewinn lesen, wenn Sie nicht daran glauben. Für mich selbst hat es sich als sehr nützlich erwiesen, diesem Glauben anzuhängen und unser persönliches Schicksal in einem größeren Zusammenhang zu begreifen.

Was für ein Glück für ein Kind, willkommen zu sein! Jedes Baby spürt genau die Atmosphäre, in die es hineingeboren wird, und es reagiert darauf auf seine Weise. Gewünscht oder nicht – das kleine Wesen, das nun auf der Welt ist, bringt so viel mit! Es spricht seine Nächsten an, so direkt, spontan. Mit seinen unglaublich wachen Augen, mit seinen kleinen Fäusten, Füßchen, mit den Falten und Runzeln im jungen Gesicht, mit seinen Grimassen, mit Gähnen, Schluckauf und mit seiner Stimme. Es drückt sich aus, es teilt sich mit, es ist auf einmal ganz da. Seine Stimme, sein

Schmatzen, Quäken, Grunzen oder Schreien – sie bewirken so viel in uns.

Lautes, grelles Hunger- oder Wutgeschrei deuten manche Eltern als persönliche Beleidigung. Sie interpretieren Ablehnung, Ärger und Entrüstung hinein. »Er weiß genau, wie er mich auf die Palme bringen kann!« sagt eine Mutter über ihren vier Tage alten Sohn. Und mancher Vater denkt: »Glaube ja nicht, du kannst uns tyrannisieren!« Ganz sicher haben Säuglinge keine bösen Absichten, wenn sie ihre Stimme erheben. Das Geschrei ist ihr gut funktionierendes Ausdrucksmittel, ein Mittel der Kommunikation, mit dem der kleine Mensch versucht, sich verständlich zu machen, Kontakt herzustellen. Und manchmal – was probt es da? – huscht dieses kleine, schnelle Lächeln über das Gesicht, das nach Engeln benannt ist. Was für ein Glück!

Die Keime zur Bindung werden – das ist auch die Meinung der Wissenschaft – in der Schwangerschaft gelegt. Die innere Einstellung der Mutter zu ihrem ungeborenen Kind ist entscheidend für das Verhalten, das sie später dem Baby gegenüber zeigen wird. Und dieses Verhalten beeinflußt wiederum das Kind.

Ging es der Mutter gut, hat sie sich auf ihr Kind gefreut? Alle Gefühle werden über Hormone und Botenstoffe auf das Ungeborene übertragen; es spürt, ob es willkommen ist. Wenn Mutter und Kind sich aufeinander freuen, wenn da noch ein Vater ist, der mit dem Ungeborenen redet – und dessen Stimme es dann schon kennt –, gelingt Bindung leicht und ganz von selbst, wenn die Geburt normal verläuft. So hat es die Natur vorgesehen. Zwischenfälle und Enttäuschungen können das Liebesband allerdings auch zerreißen: Was geschieht, wenn die Mutter durch eine anstrengende Geburt unfähig ist, sich dem Baby zuzuwenden?

Renate war in ihrer Beziehung nicht glücklich. Dennoch freute sie sich riesig auf ihr Baby. Sie wollte es natürlich und ohne Schmerzmittel zur Welt bringen. Dann verlor sie in der 40. Schwangerschaftswoche Fruchtwasser. Ihr Arzt beruhigte sie: »Wenn Sie noch keine Wehen haben – warten wir einfach ab.« Eine Freundin jedoch, die von dem Rat des Arztes hörte, war entsetzt und ermahnte sie, sofort ins Krankenhaus zu fahren. Nach qualvollen achtzehn Stunden wurde ein Sohn geboren – blau an Händen und Füßen, schreiend. »Er war schlapp, aber das wußte ich nicht. Ich dachte nur, er mag mich nicht. Er wollte nicht an der Brust trinken. Ich fühlte mich so abgelehnt. Er schrie immer nur und drehte sein Gesicht von mir weg.« Für Renate war es sehr schwierig, diesen Sohn anzunehmen. Bis heute – der Junge ist jetzt 15 – haben sie immer wieder Probleme miteinander, die sich um die Frage drehen: Liebst du mich wirklich, so wie ich bin?

Was ist, wenn das Kind behindert ist oder ganz anders aussieht, als die Eltern es sich gewünscht haben? Oder wenn der fünfte Sohn oder die vierte Tochter geboren wird? Wie reagiert eine Mutter, wenn ihr das Baby gleich nach der Geburt wegen »Anpassungsstörungen« oder schlechten Apgar-Werten weggenommen wird und es in die Kinderklinik zur Beobachtung soll? Ein besonderes Problem entsteht, wenn eine Schwangerschaft vorzeitig beendet wird und das Baby als Frühchen überlebt. Oft werden Mutter und Kind völlig unvorbereitet getrennt, und das Baby muß monatelang im Brutkasten bleiben, angeschlossen an Apparate. Jeder kann sich wohl ausmalen, daß aus dieser Situation heraus vielfältige Störungen entstehen und Eltern oft an ihre Grenzen kommen, wenn sie keine Hilfe erhalten.

Umgekehrt kann ein ungeplantes und vielleicht nicht gewolltes Kind durch seinen Charme, sein Aussehen, seinen Charakter oder sein Geschlecht die Eltern verführen: Dieses Kind muß man einfach gern haben! Es sind Glückskinder. Sie stellen Bindung besonders erfolgreich her.

Das Neugeborene: rot oder eher blaß, schreiend oder still, zart oder kräftig, zufrieden oder schmerzgequält? Junge oder Mädchen? Glatzköpfig oder mit Schopf? Neugierig oder schläfrig? Lebhaft oder ruhig? Es wirkt auf seine Umwelt aktiv ein, es präsentiert sich so, wie es ist, und fordert sein Lebensrecht im Hier und Jetzt. Und in dieser ersten Begegnung, diesem ersten Beschauen, Befühlen, Beschnuppern zeigt sich ganz spontane Freude oder Ablehnung, Erinnerung auch und Erkennen.

Als mein dritter Sohn geboren wurde, sah ich auf einmal ganz deutlich meinen verstorbenen Vater vor mir, und als meine Tochter einen einzigen Schrei ausstieß, wußte ich: Dieses Kind wird einen starken Willen haben.

Die erste Begegnung ist sehr bedeutsam. Welche Empfindungen, Gefühle, Assoziationen kommen in den Eltern hoch? Was denken sie spontan über dieses Kind? Haben sie es sich so – oder ganz anders vorgestellt? Die ersten Tage sind eine lange Entdeckungsreise. Und Reisen ist nicht immer bequem. Auf Reisen geschieht vieles Unerwartete.

Manche Eltern schwelgen im Glück. Andere in Verzweiflung und Angst.

Niemand kann sich völlig von diesen spontanen Gefühlen frei machen. Vielleicht ist es nicht Liebe auf den ersten Blick. Aber Wohlwollen kann jeder empfinden. *Ich nehme Dich an, wie Du bist* ist ein Satz, auf den Eltern vorbereitet werden müssen. Hier ist ein kleiner Mensch angekommen, eine alte Seele in einem neuen, hilflos wirkenden Körper, der jedoch voller Kompetenzen steckt. Dieses kleine Wesen kann schon eine ganze Menge! Es ist ein Wunder, das sicher nicht zufällig zu genau diesen Eltern kam.

Eben noch mit der Mutter vereint – jetzt entbunden. Dazwischen liegt der Geburtsprozeß, der für niemanden vorhersehbar ist und der wiederum die frühe Bindung stark beeinflußt. Haben sich Mutter und Kind leicht oder schwer voneinander trennen können? Waren der Schmerz und die Wut groß? Hatte die Frau einen Partner, der liebevoll auf ihrer Seite stand? Oder mußte sie alles allein bewältigen? War die Mutter stolz auf sich und ihr Kind? Haben die beiden die Geburt gemeinsam gemeistert?

Wie immer es war: Das Ich hat ein Du bekommen, ein einzigartiges Gegenüber, ein neugeborenes Wesen, so hilflos wie ein junges Känguruh, das jetzt in den Beutel kriecht und dort monatelang verweilen darf. Aber der kleine Mensch wird in der Regel gleich getrennt, und viele Neugeborene reagieren mit Schmerz auf diese Trennung.

Es ist nicht angenehm, in einem Kreißsaal und in grellem Licht im Geruch von Desinfektionsmitteln geboren zu werden. Manchmal läßt es sich nicht vermeiden. Es ist nicht angenehm, durchgecheckt und auf Apgar-Werte geprüft zu werden! Aber es dient ja der Vorsorge. Da wird durchtrennt und gepiekst und geträufelt, gewogen, gemessen, gehoben – noch immer. Fürsorge? Kälte und Schmerzen.

Irgendwann sind dann Mutter, vielleicht auch Vater und Kind allein und miteinander. Sie schauen sich zum ersten Mal in die Augen, halten eine stille Zwiesprache, knüpfen ein unsichtbares Band. Wärme ist da, Liebe, Energie von Auge zu Auge, von Herz zu Herz.

Die erste Bindung entsteht spätestens dann, wenn Mutter, Vater und Kind endlich Zeit und Ruhe miteinander haben, wenn sie sich kennenlernen dürfen. Der intensive Blickkontakt, den das Menschenbaby mit seiner Mutter hat, ist einmalig im gesamten Reich der Säugetiere. Nicht einmal unsere nächsten Verwandten, die Schimpansen, pflegen diese Art der frühen Kommunikation. Beginnt man aus der Entfernung von 20 cm einen Dialog mit dem Baby, das durch stützende Griffe senkrecht gehalten wird, macht es sein »Grußgesicht«: große Augen, geöffneter Mund, hochgezogene Brauen. Auch kennt das Neugeborene gleich nach der Geburt schon seine Mutter, ihre Stimme und bevorzugt sie.

Ein Baby, das auf die Welt kommt, ist normalerweise nicht nur fähig, Bindung einzugehen, es fordert sie geradezu heraus.

Forscher haben bestätigt, was viele Mütter erfahren haben: Unmittelbar nach der Entbindung erlebt man sich in einer Art Ekstase und ist völlig fasziniert von dem Wesen, das da angekommen ist. Als ich meinen ersten Sohn, mein erstes Kind zum ersten Mal betrachten, befühlen und beriechen durfte, wußte ich, daß ich ihn lieben würde, wie immer er aussähe oder sich verhielte. Das Neugeborene: ein Teil von Mutter und Vater – und doch ganz es selbst, einzigartig wie sein Fingerabdruck.

Manche Geburten verlaufen traumatisch. Dann haben es Mutter und Kind beide schwer. Wenn man sie in den ersten Stunden nach der Geburt trennt und irgendwann später wieder zusammentut, kann schon vieles zerbrochen sein. Wird die erste Begegnung mehr als sechs Stunden hinausgezögert, findet das Baby in der Regel die Brust nicht mehr so geschickt und kann Schwierigkeiten beim Trinken bekommen. Mit Geduld und kompetenter Unterweisung etwa durch eine Hebamme lassen sich aber auch diese Schwierigkeiten lösen.

Angst, Wut und Verzweiflung können die erste natürlich angelegte Bindung empfindlich stören. Aber auch das gehört zur Einzigartigkeit des menschlichen Schicksals. Während Tierkinder solche Störungen in der Regel nicht überleben, hat der Mensch vielfältige Möglichkeiten. Er überlebt nicht nur, sondern findet oft auch Heilungsschritte, und jedes Trauma, jeder Schmerz ist im Verlauf des weiteren Lebens überwindbar.

Bindung entsteht in jedem Fall. Unabhängig davon, ob das Baby eine »gute« oder »schlechte« Mutter hat, ob seine Eltern feinfühlig oder vernachlässigend reagieren, bindet sich das Kind an die Personen, die es versorgen. Das ist seine einzige Überlebenschance. Bindung, verbunden mit dem ersten Gefühl für einen Menschen, ist ein biologisch verwurzeltes Verhalten.

Die *Bindungsqualität* allerdings, wie sie sich in den ersten Lebensmonaten zwischen dem Säugling und seinen Bezugspersonen entwickelt, ist ein fortlaufender Prozeß, der sich durch fortlaufende Erfahrungen in neuen Beziehungen zeitlebens in verschiedenste Richtungen verändern kann.

Nie wieder, so die Forschung, wird der Mensch in so kurzer Zeit so viel lernen wie im Prozeß der Geburt. Während er im Mutterleib nahezu schwerelos in warmem Fruchtwasser schwamm, ist er jetzt der Schwerkraft und der Trockenheit ausgeliefert. Was dies bedeutet, wurde in Katharina Zimmers Buch über *Das wichtigste Jahr* bei einem Vogel, dem man ein Kilogewicht um den Hals gehängt hat, dramatisch dargestellt. Der kleine Mensch ist jedoch kein Vogel und bewältigt diesen Prozeß in der Regel völlig mühelos. Aber wieviel Anstrengung mag das jeden von uns gekostet haben? Mit dem ersten Atemzug bläht es die vorher unbenutzten Lungenbläschen auf und läßt mit einem machtvollen Druck Blut in die vielen kleinen und großen Gefäße einströmen. Hierdurch wird der Blutkreislauf in Gang gesetzt, der zuvor über die Nabelschnur reguliert wurde. Ohne diese erste Sauerstoffzufuhr werden die Körperzellen zerstört. Außerdem erlebt das Baby einen Kälteschock – die Temperatur sinkt innerhalb von Sekunden um mindestens 10 Grad. Von nun an muß es seine Temperatur selber regeln.

Durch die verschiedensten Reize oder »Schocks«, die das Kind im Geburtsprozeß natürlich erlebt, werden gleichzeitig jedoch auch seine Nerven angeregt, der Gleichgewichtssinn stimuliert und das zukünftige körperliche Zusammenspiel erprobt. Nichts ist hier zufällig. Alles ist perfekt in Einklang gebracht.

Während es im Mutterleib rundum versorgt war, muß sich das Neugeborene jetzt aktiv um Nahrung kümmern, die Brust suchen und fordern. Innerhalb von Sekunden stellt sich der kleine Mensch vom Leben im Wasser auf Leben in Luft um. Und er meistert all dies!

Wir müssen uns um all diese Prozesse keinerlei Sorgen machen, sie geschehen. Die Natur hat den kleinen Menschen perfekt ausgerüstet. Nur dürfen wir dieses empfindliche, hochsensible Zusammenspiel nicht stören. Wir können die Lebenskompetenz des Neugeborenen nur bewundern, uns auf dieses Abenteuer einlassen, uns dem Prozeß des Zusammenspiels hingeben.

Die Nabelschnur

Da ist diese Schnur.

Diese lebenslange Schnur, auf der Du gehst.

Nein, Du gehst nicht, Du balancierst, wankst und stürzt beinahe und gewinnst plötzlich dann doch wieder das Gleichgewicht.

Du bist ein Seiltänzer.

Nabelschnur – wo hat das angefangen?

Es hat nicht weh getan, nicht eigentlich ... nur mit einem Schnitt warst Du außerhalb von mir, abgetrennt.

Ich konnte Dich betrachten, berühren.

Haut von meiner Haut, doch nicht mehr die Haut in der Haut.

Selbstverständlich warst Du in mir.

Außerhalb nun muß ich Dich betrachten. Wenn Du schläfst, trete ich immer wieder ein paar Schritte zurück, um zu sehen, wer Du wirklich bist.

Du gibst Töne von Dir, die der Stimme eines Vogels gleichen.

Rufe aus einem anderen Reich ...?

Jetzt bist Du nicht dort, nicht hier, Du bist im Zwischenreich – und lächelst wie ein kleiner Mönch.

Du bewegst den Mund.

Du willst mich, meine Räume, meine Inseln und die Meere auf meinem Körper.

Ich nehme Dich an die Brust und stille Dich.

Stillen kommt von still.

Es ist still in diesem Augenblick, nur das leichte saugende Geräusch, vielleicht draußen ein Vogel oder das Surren eines Rasenmähers ... doch zwischen uns wohltuend – Stille.

Ich studiere Dein Gesicht, und Du studierst meines.

Du und ich, wir sind zwei.

Du bist da, und ich bin hier.

Ein Abschied, der nächste von vielen weiteren.

Willkommensfest, Taufe und Namensgebung

In Tibet werden Neugeborene am vierten Tag nach der Geburt mit einem Willkommensfest begrüßt. Gäste aus der Umgebung werden von den Eltern mit Gebäck, Milch, glückspendendem Tee, Reis und Räucherwerk begrüßt und überreichen ihrerseits Geschenke und gute Wünsche für das Neugeborene.

An meinem jetzigen Wohnort in Schleswig-Holstein – und wahrscheinlich auch in anderen ländlichen Gegenden Europas – gibt es eine ganz ähnliche Sitte. Einige Wochen nach der Geburt kommen die Nachbarn zum »Kindskiek«. Sie werden von den jungen Eltern bewirtet und überbringen Geschenke und Glückwünsche. Damit wird eine weitere Bindung aufgebaut. Die Nachbarn heißen das Kind willkommen und zeigen damit, daß sie bereit sind, einen kleinen Teil der Verantwortung zu übernehmen. Und wenn sie nur über den Gartenzaun winken, ab und zu einen »Schnack« halten und hin und wieder anteilnehmend »Wie geht's?« fragen – das Kind wächst ganz sicher in einem anderen Gefühl heran, als wenn es in einem Hochhaus mit anonymen Mitbewohnern leben muß.

Ich finde, daß es gerade in Großstädten, die ja keineswegs kinderfeindlich sein müssen, an der Zeit wäre, in Mietshäusern und unter Nachbarn solche Bande zu knüpfen. Ein kleines Ritual – ähnlich einem Willkommensfest – könnte ein erster Versuch sein, Bindung auch in einem größeren Rahmen zu begreifen.

Ein weiteres, allen bekanntes Ritual ist die Taufe. Damit wird das Kind nicht nur in die Gemeinschaft der Gläubigen aufgenommen, sondern bekommt auch Paten an die Seite gestellt, die es auf seinem Weg begleiten sollen.

Unabhängig vom christlichen Glauben kann ein Fest, bei dem ein Kind gesegnet, in die Gemeinschaft eingeführt wird und Paten erhält, helfen, Bindung zu erleichtern. Es ist an der Zeit, neue Rituale zu erschaffen, die jungen Eltern helfen, die Aufgaben, die auf sie zukommen, zu bewältigen und sie mit Menschen zu umgeben, die bereit sind, einen Teil der Verantwortung zu tragen.

Das isolierte Dasein von Mutter und Kind, wie es leider heute oft verbreitet ist, weil die Eltern sich trennen, ist in jeder Beziehung bindungsfeindlich. Ein afrikanisches Sprichwort lautet: »Man braucht ein ganzes Dorf, um ein Kind großzuziehen.« Das ist sehr wahr.

In Tibet erhält das Kind seinen Namen von einem Lama. Nicht die Eltern bestimmen, wie das Kind heißt. Damit wird ausgedrückt, was Khalil Gibran in seinem *Propheten* in so schöne Worte kleidete: »Eure Kinder sind nicht eure Kinder.«

Bei den Ureinwohnern Amerikas erhielt das Kind seinen Namen erst, wenn die Eltern es gründlich kennengelernt hatten, wenn es durch eine Tat oder ein Verhalten seine Einzigartigkeit unter Beweis gestellt hatte. Ursula Wölfel hat das in dem für Kinder geschriebenen Buch *Fliegender Stern* einfühlsam beschrieben. Ein Freund von uns veranstaltet »Indianerwochenenden« mit Kindern, läßt sie Natur erleben, Indianermärchen hören und am Lagerfeuer sitzen. Das Wochenende beginnt damit, daß die Kinder ihren von ihnen selbst gewählten »Indianernamen« auf eine Holunderscheibe schreiben. Sie reden sich dann das ganze Wochenende mit diesem Namen an, und es ist eine sehr berührende Erfahrung für alle. Wie würden Sie sich als Vater und Mutter selbst nennen?

Wie würden Sie Ihr Kind nennen, wenn Sie die völlig freie Wahl hätten?

Bei uns ist es üblich, schon im Krankenhaus gefragt zu werden, wie das Kind heißen soll. Viele Eltern wählen den Namen schon vor der Geburt aus, und oft wissen sie das Geschlecht des Babys schon im voraus. Trotzdem ist es immer wieder eine große Überraschung, das Kind dann zu sehen. Paßt der Name? Paßt uns das Kind?

Indem wir für unser Baby einen Namen auswählen, geben wir ihm – bewußt oder unbewußt – etwas von unseren Wünschen, Hoffnungen und Bedürfnissen mit.

Was denkt sich eine Mutter, die ihre Tochter nach einer Schauspielerin, einem Popstar oder einer Schriftstellerin benennt? Was erträumt sich ein Vater, der für seinen Sohn den Vornamen eines Sportlers, eines Musikers oder eines Wissenschaftlers wählt? Was für einen Unterschied macht es, ob wir einen, zwei oder drei Namen für unser Baby wählen? Warum suchen wir nach Namen aus anderen Ländern, aus der Bibel oder aus dem Stammbaum unserer Eltern?

Ist es Zufall, daß heute in Deutschland so viele Mädchen Sara heißen? Dieser Name war in der Nazizeit erzwungener, diskriminierender Zweitname aller jüdischen Frauen und Mädchen.

Mit der Namensgebung wird ein weiteres Band zwischen Eltern und Kind geknüpft. Ein Name schafft Verbindung, Bindung, vielleicht sogar Kette. Der Name ist wie eine Prophezeiung. Wird das Kind ihr gerecht werden können? Werden die Eltern helfen, ihre Hoffnung wahr werden zu lassen? Werden sie genug Feinfühligkeit besitzen, die an den Namen geknüpften Vorstellungen aufzugeben und dem Kind seine Individualität zu gestatten?

Mit Erwachsenen veranstalte ich Seminare über Selbstwertgefühl.

Eine der ersten Übungen besteht darin, zu recherchieren, wer den eigenen Namen ausgewählt hat, was er bedeutet und was die eigenen Eltern damit verbunden haben. Danach basteln die Teilnehmerinnen ein eigenes Namensschild oder gestalten – in der wärmeren Jahreszeit – ihren Namen auf dem Erdboden mit Naturmaterialien. Diese kleine Aktion löst eine tiefe, ergreifende Beschäftigung mit dem eigenen Schicksal aus. Wie werden unsere Kinder später über ihren Namen denken? Welche Gefühle werden sie mit ihrem Namen verbinden? Welchen Klang hat der Name und wie wirkt dieser Klang auf mich?

Aus meinem fünfzigjährigen Leben mit drei Vornamen kann ich berichten, daß ich mich schrittweise zu meinem Namen bekannt und mich mit ihm vollständig ausgesöhnt habe. Und unter meinen drei Vornamen ist sogar ein Lieblingsname, den ich gern benutze, wenn ich aus der Distanz und von außen auf mich schauen will.

Der Umgang mit dem eigenen Namen ist wie ein Gleichnis. Er wird uns von außen gegeben wie ein Geschenk oder ein Versprechen. Vielleicht gefällt uns das Geschenk zeitweise nicht. Vielleicht wollen wir es wegschmeißen. Vielleicht erkennen wir seinen Wert zu späterer Zeit, vielleicht auch nicht. Indem wir uns mit unserem Namen und der Namensgebung beschäftigen, beschäftigen wir uns mit unserem Schicksal. Eines Tages haben wir die Freiheit, uns von alten Namen zu lösen oder zusätzliche Namen zu geben, Künstlernamen zum Beispiel, kosmische Namen, heilige Namen, die wir als Auszeichnung erhalten wie Ehrentitel oder Orden und Auszeichnungen. Nun liegt da ein kleiner Mensch, und wir knüpfen ein Band, indem wir ihm einen Namen geben.

Dein Name

Etwas heißt *blume*.
Heißt *bach*.
Heißt *stadt*.
In dem Augenblick kenne ich Blume, Bach und Stadt.
Doch selbst Blume, Bach und Stadt haben Namen.
Sie bleiben nicht anonym.
Wir kennen sie. Lieben sie.
Oder nicht.
Wir fragen nach ihnen.
Wir besuchen sie und manchmal sprechen wir sogar mit ihnen.
Und Du?
Hörst Du mich?
Ich schaue an meinem Bauch hinunter. Die straffe Haut schlägt Wellen.
Du bist bis jetzt nur *Du*.
Das *Baby*.
Das *Kind*.
Wir blättern in Vornamenbüchern.
Was paßt zum Nachnamen?
Was ist Mode, oder vielmehr was ist gerade nicht Mode?
Ich sehe ein Bild:
Dunkelhaarig, blaue Augen...
Welcher Name?
Ein Name bindet an uns. Vor und Nachname ... der Name bindet an die Menschen, die Freunde, später an den Partner.
Einer oder eine, die Du einmal sehr lieben wirst, wird diesen Namen flüstern ... oder lachend herauslallen.
Ich spreche laut vor mich hin:
Eduard
Sandra
Manuel

Tom

Sie erinnern. All diese Namen haben eine Geschichte, eine Geschichte, die ich im Augenblick nicht mag.

Könnte ich Dich fragen . . .

Ich beuge mich so weit herunter, wie ich es vermag, und Dein Vater legt zärtlich und sanft sein rechtes Ohr an meinen Bauch.

Kannst Du vielleicht ein wenig summen oder girren, nur ein wenig . . .

Etwas, das uns die Ahnung von Deinem Namen gibt.

Es wäre so schön, wenn Du ihn Dir selbst wählen könntest . . . oder die Sterne, die weiße Wolke am Himmel, die gerade jetzt, an diesem blauen Nachmittag vorüberzieht . . . Dein Name im Nachhall des Flugzeugs, das winzig und silbrig den Himmel durchquert . . . wie heißt der Schall, der ihm folgt . . . ?

Wie sollst Du sein, was erwarten wir von Dir?

Nein ich will gar nicht mächtig sein, Macht bedeutet nur Anstrengung, Verantwortung . . . Kampf ohne Gewinner und Verlierer . . .

Wir lauschen weiter und plötzlich hören wir Dich:

Es gibt mich doch schon.

Schaut da vorne; ich bin ein heiterer junger Mann, ich wirke hell und ein bißchen verrückt, viel Geld habe ich nicht, aber ich bin immer gut gelaunt; beim Lächeln bilden sich Grübchen in meinen Wangen . . . wenn es mir schlecht geht, dann singe ich einfach drauf los...ich habe noch lange an das Sandmännchen geglaubt und früher hatte ich Angst vor Regen . . . die meisten Mädchen finden mich hübsch, und ich brauche ziemlich viel Liebe . . . aber ich glaube, ich kann auch einiges davon zurückgeben . . . Küssen, das mag ich sehr . . .

Die Stimme wird leiser.

Mein Name ist Tony.

Die Stimme ist fort, und in dieser Form haben wir sie nie wieder gehört. Nur der Name ist geblieben, deutlich, ohne Abkürzung, ohne Veränderung, kein Kosewort, kein Klang, ganz klar:

Tony, Dein Name.

Die ersten Wochen

Nichts ist mehr wie es war. Daniel Stern beschreibt, wie sich das Seelenleben einer Frau mit der Geburt ihres ersten Kindes von Grund auf ändert. »Wenn Sie ein Baby haben, wird es eine Zeitlang bestimmen, woran Sie denken, was Sie befürchten oder erhoffen und wovon Sie träumen. Es wird Ihre Gefühle und Ihr Verhalten beeinflussen und sogar Ihre sinnliche Wahrnehmung und die Art Ihrer Informationsverarbeitung intensivieren. Mit einem Kind werden sich Ihre Vorlieben und Vergnügen und wahrscheinlich auch einige Ihrer Wertvorstellungen ändern. In einer ganz verblüffenden Weise wird es alle Ihre früheren Beziehungen beeinflussen und Sie veranlassen, Ihre engsten Freundschaften zu überdenken und Ihre Rolle in der Geschichte Ihrer eigenen Familie neu zu bestimmen.« (Stern, S. 10)

Das Gefühl, nie mehr allein zu sein, macht vielen Müttern angst. Es löst Krisen aus. Schließlich ist man jetzt vierundzwanzig Stunden täglich »im Dienst« und hat die volle Verantwortung. Innerhalb von Bruchteilen von Sekunden muß man entscheiden, was zu tun ist, wenn das Baby nachts schreit, Ausschlag bekommt oder sein Essen erbricht. Man erwartet, daß wir unsere Babys lieben und gedeihen lassen und immer die richtige Entscheidung fällen – und wenn nicht, ist es auf jeden Fall »unsere Schuld«.

Jede Krise hat jedoch auch einen konstruktiven Aspekt. Die erste Zeit mit dem Baby ist eine Feuerprobe, in der »aus einer alten eine neue Persönlichkeit« entsteht (Stern, S. 133). Die Verwandlung von der Frau zur Mutter gibt uns die Chance, unsere eigene Persönlichkeit neu zu entwerfen – eine Chance, die wir sonst nur in der Phase der Verliebtheit haben. Was für eine Mutter werde ich sein? Welche Werte werde ich leben? Welchen Lebensplan entwerfe ich für mich und mein Kind?

In solchen lebensverändernden Situationen einen Partner zu haben, der einem zuhört und nicht bewertet, ist eine große Hilfe. Für Männer ist die Verwandlung der Frau zur Mutter allerdings oft schwer nachzuvollziehen, besonders deshalb, weil Mütter von Babys oft ein geringeres Bedürfnis nach Sexualität haben und die neue Rolle der Frau, ihre Verwandlung zur Mutter, zunächst Irritationen auslösen kann. Andererseits ist da aber auch großes Glück spürbar. Eine Energie, die vom Kind ausgeht und sagt: Hier bin ich und ich brauche dich!

Das Baby bringt eine großartige Fähigkeit mit: Es weckt in uns Gefühle und stellt Beziehungen von sich aus her. Ein neugeborenes Baby kann wütend, traurig, enttäuscht, fröhlich oder aufmerksam aussehen. Mit einem angeborenen Repertoire mimischer und gestischer Signale veranlaßt es seine Eltern, sich ihm intuitiv und spontan zuzuwenden und ihrerseits intuitiv und spontan zu reagieren. So verstellen Eltern automatisch ihre Stimme, wenn sie mit ihrem Baby reden, und wirken so, als würden sie übertreiben. Tatsächlich ist diese Frequenz, diese Sprachmelodie und das Gesicht, das Eltern »ziehen«, genau das, was das Baby am besten versteht. Überall auf der Welt ist dieser »Babytalk« auf gleiche Weise üblich, und überall auf der Welt wissen Eltern ganz von allein, was zu tun ist.

»Die zahllosen Wiederholungen dessen, was Eltern sagen und tun, die Zärtlichkeit, die sie dabei intuitiv vermitteln, lassen beim Kind eine der wichtigsten Lebensqualitäten entstehen, die es in den kommenden Jahren besonders brauchen wird: Vertrauen. In den immer wiederkehrenden, aber sich auch stetig weiterentwickelnden Ritualen lernt das Baby schon ganz früh, wie seine Eltern im Unterschied zu andern, fremden Personen sind (alle Väter und Mütter haben ihren eigenen Elternstil). Und es erfährt ebenso, daß es sich auf sie verlassen kann; sie beantworten jeden seiner Appelle und fast immer mit schlafwandlerischer Sicherheit richtig.« (Zimmer 1987, S. 37)

Dennoch können die ersten Wochen, ja sogar Monate oder Jahre, schlimm sein: Keine Nacht mehr durchschlafen. Das elterliche Liebesleben? Aus und vorbei.

Das Gefühl, angebunden, angekettet zu sein, ist manchmal unerträglich. Und das Geschrei, diese Überlebensstrategie der Kleinsten! Diese unerträglich hohe Frequenz, die Eltern in den Wahnsinn treiben kann. Warum schläft dieses Kind nicht glücklich, wie es auf Fotos immer wieder zu sehen ist? Warum schreit es, wenn es doch eine trockene Windel hat und eben erst gestillt wurde? In dieser Phase überkommt die Eltern oft eine ungeheuer rasende Wut. Und immer wieder liest man in der Zeitung von Säuglingen, die getötet wurden, weil sie nicht aufhörten zu schreien. Die erste Bindung ist ein Band, das in unserer Kultur leicht zerreißen kann. Nachdem die Nabelschnur durchtrennt ist, entsteht die Liebesschnur im Wechselspiel zwischen Eltern und Kind. »Feinfühligkeit« nannte Bowlby die Fähigkeit, sich auf das Kind einzulassen, seine Bedürfnisse wahrzunehmen und angemessen und prompt zu befriedigen. Feinfühligkeit ist lernbar. *Aber Feinfühligkeit braucht auch Bedingungen.* In fast allen Kulturen der Welt war es üblich, der jungen Mutter in den ersten Wochen und Monaten nach der Geburt Helfer an die Seite zu stellen. Das konnten ältere Kinder oder Verwandte sein, die den Haushalt führten und sich sonst auch um andere Geschwister kümmerten. Heutige Mütter in Großstädten brauchen das mindestens genauso wie Mütter auf den Südseeinseln! Ich kann daher allen jungen Eltern nur raten, sich gezielt und bewußt um so ein Netz aus Helfern zu kümmern – und weiß gleichzeitig, wie schwer das ist in einer Gesellschaft, in der Kinder zwar als Konsumenten erwünscht, im großen und ganzen aber nur lästig sind.

Zufriedene, ruhige, hübsche Kinder machen es den Eltern leicht. Unzufriedene laute und häßliche Kinder fordern ihre Eltern, die rund um die Uhr in Anspruch genommen werden und viele Opfer bringen müssen, heraus. Noch verstecken diese Babys ihr wahres Wesen und wirken wie Monster oder verzauberte Königstöchter, deren wahre Gestalt von unglaublicher Schönheit nur im Spiegel zu entdecken ist. Sind wir bereit, in den Spiegel zu schauen, den das Kind uns vorhält?

Immer wieder werden die Eltern, insbesondere die Mutter, zwischen Wut und Verantwortungsgefühl hin- und hergerissen. Oft kommen Schuldgefühle auf: Warum fühlt sich dieses Kind bei mir nicht wohl? Was mache ich falsch? Ich habe doch gar keinen Blumenkohl gegessen! Ich ernähre mich nur von Milchreis! Warum gerade ich? Manchmal werden Mütter wütend wie Wespen: Jetzt reicht's aber! Es ist das dritte Mal, daß ich aus dem Tiefschlaf gerissen werde! Ich könnte . . . Manchmal weinen Mütter vor Erschöpfung still vor sich hin, weil sie einfach keine Kraft mehr haben.

Und doch wird jede Mutter immer wieder ein tiefes Mitgefühl überkommen, das mit dem eigenen inneren Kind zu tun hat. Dieses arme Wesen – mit so einer Rabenmutter!

Es ist ein Wechselspiel. Manche Babys wirken von Natur aus glücklich und zufrieden. Sie werden ihre Eltern mit ihrem Anblick in den Bann ziehen. Liebe bildet ein stabiles Band, verbindet zuverlässig . . . Andere Mütter scheinen durcheinander, unglücklich, gequält – sie verwandeln sich in Furien, in ein Häufchen Elend. Sie brauchen kompetente Hilfe, Beratung und Menschen, die sie stundenweise von dem Kind befreien. Es gibt Schreibabys. Sie haben Probleme mit der Ernährungsumstellung, Koliken, Verspannungen, Krämpfe . . . Diese Kinder wollen herumgetragen werden, angenommen sein, vorgesungen bekommen, Wärme und Nähe spüren. Mütter solcher Kinder brauchen andere Menschen, die ihnen helfen, das Kind stundenweise abnehmen, mit ihm spazierengehen.

Was können so geplagte Eltern tun? Sie können sich an ihre Hebamme wenden. Diese Frauen haben Hunderte von Kindern betreut und wissen oft praktischen Rat, genau wie eigene Mutter, mit denen man selbst glücklich war. Sie kön-

nen sich auch in Stillgruppen oder bei der Rückbildungsgymnastik mit anderen Müttern sprechen und Erfahrungen
austauschen.

Der Austausch und die Bestätigung durch andere, erfahrene Mütter spielt gerade in den ersten Monaten mit dem
Baby eine ganz wichtige Rolle. Tröstende Worte, Aufmunte-
rungen und Zuversicht, die erfahrene Mütter den jungen
Müttern zusprechen, können nicht hoch genug eingeschätzt
werden. Ich selbst erinnere mich sehr gut daran, daß ich
meine eigene Mutter niemals so sehr vermißt habe wie nach
der Geburt meines ersten Kindes, als ich 28 Jahre alt war.

Sie können den Vater des Kindes um Hilfe bitten, ohne ihn
anzuklagen und zu überfordern. Sie können sich ihrer gemeinsamen Verantwortung bewußt werden und gegenseitig stützen und helfen.

Das Wichtigste aber ist, sich selbst gut zuzureden und zu sagen: *Mein Kind braucht mich jetzt und nie wieder so sehr.* Sie können leise mit dem Baby sprechen, ihm erzählen, wie schwer
es Ihnen fällt, immer wieder freundlich zu sein, Hingabe zu
üben. Und daß sie es wieder und wieder versuchen...

Viele Babys lieben stille ruhige Musik. Alle mögen getragen werden, Hautkontakt, Körpernähe und Wärme spüren,
in einer Hängematte schaukeln. Babys lieben die Stimmen
ihrer Eltern, ihre Lieder und Schlaflieder.

Wenn wir unsere Kultur mit dem urmenschlichen Zustand fern der Zivilisation vergleichen, wird schnell deutlich,
was unseren Babys oft fehlt: In der dörflichen Gemeinschaft
auf den Trobriand-Inseln, die Karin und Klaus Grossmann
als deutsche »Babyforscher« bereisten, fühlen sich nahezu
alle Erwachsenen für die Kleinsten verantwortlich. Jedes
Baby findet immer jemanden, der es tröstet, auf den Arm
nimmt und herumträgt. Nahrung und Zärtlichkeit an der
Mutterbrust bekommen die Kleinen, sooft sie wollen. Jede
noch so winzige Äußerung wird sofort beantwortet. Immer
schlafen Mutter und Kind eng zusammen.

Irgendwann, nach sechs Wochen, wird jedes Baby zum

ersten Mal lächeln. Es wird das Gesicht anlächeln, das sich über es beugt. Ein Gesicht – und ein Lächeln. Das ist wie Sonne, wie Zauber, Riesenglück: das erste Lächeln! Endlich hat es begriffen, so kommt es uns vor, endlich freut es sich, seine Eltern zu sehen, nach so vielen Mühen, endlich! Endlich ist dieses Kind glücklich, unter Menschen zu sein. Endlich angekommen auf dieser Welt mit all ihrem Leid und Elend. Es sagt Ja, es lächelt, es liebt dich! Natürlich lächelt es auch eine Pappscheibe an, wenn ein Gesicht draufgemalt ist. Aber was soll dieses dumme Experiment? Das Baby hat etwas erkannt, gefühlt, wahrgenommen. Da sind Menschen, die mich behüten, wärmen, nähren und schützen. Da sind Menschen, die mich lieben – und ich liebe sie.

Stillen, tragen, ich und du – Feinfühligkeit der Eltern als Kompaß für Bindung

Noch immer haben manche Eltern Angst, ihr Baby könnte »verwöhnt« werden. Es kann daher gar nicht oft genug betont werden, daß feinfühlige, verläßliche und prompte Reaktion auf die Signale des Säuglings die Grundlage der frühen, sicheren Bindung darstellt. Kinder werden nicht verwöhnt, wenn man ihre Grundbedürfnisse sofort befriedigt, sondern erlangen im Gegenteil früher Selbständigkeit und Frustrationstoleranz, wenn sie die Erfahrung gemacht haben, daß ihre grundlegenden Bedürfnisse nach Nahrung, Schutz und Geborgenheit immer zuverlässig und so schnell wie möglich befriedigt werden.

Das Konzept der Feinfühligkeit wurde von Mary Ainsworth, einer Mitarbeiterin Bowlbys aus Kanada, in verschiedenen Ländern der Welt erforscht, und es gibt wohl kaum eine andere Untersuchung über die psychische Entwicklung des kleinen Menschen, die so fundiert bewiesen wurde und schließlich sogar zu einem entwicklungspsychologischen

Test führte, auf den ich unten auf S. 105 noch zu sprechen komme.

Mary Ainsworth bewies, daß »feinfühliges Pflegeverhalten« eine sichere Bindung zwischen Mutter und Kind herstellt, während unsichere Bindung mit wenig feinfühligem Pflegeverhalten einherging.

Was ist nun feinfühliges Pflegeverhalten, liebe Eltern?

Mutter oder Vater müssen in der Lage sein, die kindlichen Signale mit großer Aufmerksamkeit wahrzunehmen. Das heißt konkret: Seid hellhörig, laßt die Tür zum Kinderzimmer immer mindestens einen Spalt breit offen und geht sofort zu Eurem Kind, wenn es schreit.

Die Signale des Säuglings müssen richtig gedeutet werden. Das ist beim ersten Kind wahrhaftig nicht leicht. Hat es Hunger, Schmerzen, Langeweile oder fühlt es sich aus einem anderen Grund nicht wohl? Es ist ganz normal, daß Eltern hier zunächst auf eine Phase des »Ausprobierens« angewiesen sind. In Ulm können werdende Eltern in einem »Feinfühligkeitstraining« an fünf Abenden lernen, die Signale des Babys besser zu verstehen.

Die Eltern müssen jetzt angemessen reagieren – das Kind stillen, es herumtragen, wickeln, massieren oder mit ihm spielen. Auch mitten in der Nacht? Ja. In den ersten Monaten stellt sich das Baby erst langsam auf den Rhythmus von Tag und Nacht um. Ein Neugeborenes hat auch nachts Hunger und macht nachts in die Windel. Es braucht Nahrung, Wärme, Zuverlässigkeit – rund um die Uhr.

Die Reaktion der Eltern muß innerhalb einer für das Kind noch tolerablen Frustrationszeit erfolgen. So ist die Zeitspanne, in der ein Neugeborenes auf das Gestilltwerden warten kann, sehr kurz, wird aber im Verlauf des ersten Lebensjahres immer länger. In den ersten sechs Monaten kann ein Kind nicht verwöhnt werden. Es braucht uns tagsüber und nachts. Indem wir es stillen, zeigen wir ihm, daß die Welt ein freundlicher Ort ist, daß es satt werden kann und zufrieden. Indem wir es tragen, lassen wir das Baby fühlen, daß es getragen ist, geschützt, sicher aufgehoben. Durch den Körperkontakt, das Gehaltensein, spürt das Kind Sicherheit und Vertrauen. Beides wird ihm im späteren Leben helfen, sich in der Welt zurechtzufinden, optimistisch an die Probleme heranzugehen und nach Lösungen zu suchen.

Jahrtausende bevor sich Menschen über die psychische Entwicklung, über Gefühle und Möglichkeiten des Heranwachsens Gedanken machen konnten, wurden Kinder in verschiedensten Kulturen so in die Gemeinschaft ihrer Mitmenschen eingebunden, wie Bowlby und seine Mitarbeiterinnen uns das heute so eindringlich nahelegen und beweisen, welche psychischen Folgen und gestörten Verhaltensweisen mangelnde Bindung heraufbeschwört.

In allen sogenannten primitiven Kulturen wurden Kinder viele Monate lang von ihren Müttern gestillt, von Menschen aus dem Familienkreis herumgetragen und in den ersten Jahren von einem gleichbleibenden Kreis von Menschen zuverlässig versorgt. Erst mit der beginnenden Industrialisierung, der Vorstellung, die Natur beherrschen zu können, und der wachsenden Entfremdung entsteht eine Gesellschaft, in der das Heranwachsen von Kindern als Last empfunden wird, als Bürde, die zahlreiche Elternpaare heute nicht mehr bewältigen können, schon gar nicht gemeinsam.

Was ist mit uns geschehen? Jede Katze weiß, was ihre Jungen in den ersten Wochen benötigen: Wärme, Geborgenheit, Nähe rund um die Uhr, Katzenmilch und Bauchmassage. Warum machen wir Menschen uns so viele Gedanken?

Warum funktioniert so vieles nicht mehr?

Ich glaube, solange wir uns immer noch jedem Säugetier überlegen fühlen, solange wir uns immer noch einbilden, der Natur überlegen zu sein und sie zu bekämpfen, anstatt von ihr zu lernen, werden wir Probleme haben.

Daniel Stern schreibt über seine Forschungen: »Am meisten fiel mir auf, wie sehr die ganz persönlichen Hoffnungen, Ängste und Vorstellungen einer Mutter die Beziehung zu ihrem neugeborenen Baby prägen. Es zeigte sich, daß die Erfahrungen, die eine Mutter in ihrer Herkunftsfamilie gemacht hat, ganz entscheidend die Art ihres Umgangs mit ihrem Baby bestimmen.« (Stern, S. 29)

Stillen ist weit mehr als Nahrungsaufnahme. Es ist die einzige, direkte nachgeburtliche Verbindung zwischen Mutter und Kind. Das Baby »zapft« die Mutter direkt an, trinkt sozusagen von ihrem »Körpersaft«. Eine vergleichbare Verbindung gibt es sonst nur beim »Liebe machen« von Mann und Frau bzw. bei der Zeugung. Durch das Stillen wird auf natürliche und äußerst praktische Weise Bindung hergestellt. Das Kind wird nicht nur mit exakt der passend zusammengesetzten Nahrung ernährt, sondern gefühlsmäßig eingebunden, beruhigt und in seinen Bedürfnissen nach Nähe und Zuwendung gestillt. Es begreift ganz sinnlich, daß es einen Menschen gibt, an den es gebunden ist.

Wenn jemand etwas ganz selbstverständlich weiß, sagen wir: »Das hat er schon mit der Muttermilch eingesogen«. Diese Ausdrucksweise ist sicherlich kein Zufall. Die Homöopathin Edith Dörre geht zum Beispiel davon aus, daß in der Muttermilch die Bestimmung oder der Lebensplan jedes Menschen enthalten ist, daß er sozusagen seine Lebensaufgabe mit der Muttermilch einsaugt.

Aus Muttermilch kann ein homöopathisches Mittel gewonnen werden, das zum Beispiel in der Therapie von Alkoholikern eingesetzt wird. Sind nicht gerade suchtgefährdete Menschen jene, die auf der verzweifelten Suche nach ihrer Lebensaufgabe sind?

Muttermilch ist Nahrung in einem umfassenden, ganzheitlichen Sinn.

Bei der Frage stillen oder nicht stillen geht es also nicht nur um verträgliche Ernährung, um Schadstoffe und Immunsystem. Es geht um einen ganzheitlichen Prozeß, der auch weit über das, was wir unter Bindung verstehen, hinausreicht. Es ist letztendlich ein Wunder, ein Geheimnis, dessen Ausmaß wir bis jetzt nur ahnen können.

Ursprünglich haben überall auf der Welt Mütter ihre Kinder gestillt. Ein Freund von mir, heute sechzigjährig, der in der Türkei aufwuchs, erzählte, daß selbstverständlich Mütter auf den Schulhof kamen, um ihre Schulkinder zu stillen. In Ländern, wo Kuhmilch rar ist und »Entwicklungshilfe« sie mit Milchpulver aus Europa verschont, ist Stillen lebensnotwendig. Es gibt kaum andere Milch als die der Mütter. Aber auch in Tibet zum Beispiel, wo die Milch der Yaks in der Ernährung eine große Rolle spielt, stillen Mütter ihre Kinder jahrelang. Täten sie das nicht, wäre die ohnehin schon starke Säuglingssterblichkeit noch höher. »In einem Interview sagte der Dalai Lama, daß der Einfluß der Mutter auf die geistige Entwicklung des Kindes bereits vor der Geburt beginnt und sich über die Milch bis zu der Beziehung fortsetzt, die im folgenden zwischen den beiden wächst. Der Dalai Lama sieht einen eindeutigen Zusammenhang zwischen dem mütterlichen Einfluß auf das Bewußtsein des Kindes und dem Stillen als körperlicher Bindung, bei der die mütterliche Essenz in einem unmittelbaren Sinne in das Kind fließt.« (Maiden/Farwell, S. 167)

Ich selber habe bei meinem ersten Kind Probleme mit dem Stillen gehabt. Das fing schon damit an, das mein sehr zarter, kleiner Sohn nahe an einer Gelbsucht und sehr schlapp war. Die zuständige Schwester im Krankenhaus wollte mich dazu zwingen, ihn zu ohrfeigen, damit er tränke. Er trank nämlich nicht.

Warum trank er nicht? Er war nicht nur einfach müde und erschöpft, sondern auch geschädigt durch ein Medikament, das man mir als unerfahrene und natürlich etwas ängstliche Erstgebärende kurz vor Austritt des Köpfchens gespritzt hatte: Dolantin. Dieses Mittel wurde einige Jahre später verboten. Als mein Kinderarzt die Apgar-Werte im Untersuchungsheft für Neugeborene sah, bemerkte er: »Ich werde dieses Kind gründlich auf eine Behinderung untersuchen. Die Apgar-Werte sind ja so schlecht.« Ich wußte nicht, was Apgar-Werte sind. Aber ich verstand das Wort Behinderung und war entsetzt, verängstigt, entmutigt. Mein kleiner Sohn schrie viel, er hatte offensichtlich Koliken, und er schrie zuweilen auch beim Stillen. Das war schlimm. Es war ja mein erstes Kind, und ich hatte keinerlei Erfahrung. Und meine Brust tat weh.

Zum Glück hatte ich meine Schwägerin, Elisabeth. Ich konnte sie anrufen, ihr erzählen, was vor sich ging, und sie beruhigte mich, tröstete mich und gab mir kompetenten Rat.

Beruhigung ist das, was stillende Mütter unbedingt brauchen, Beruhigung, Stille und Vertrauen in ihre eigene Kraft und die des Kindes. Diese ersten drei Monate waren eine schwierige Zeit, zumal der Mutterschutz damals, vor 22 Jahren, nur sechs Wochen betrug. Man stelle sich vor: sechs Wochen! Europaweit hatte kein anderes Land Müttern einen so geringen Schutz gewährt.

Ich nahm einen Monat unbezahlten Urlaub, aber der Gedanke, meine Arbeitsstelle aufzugeben, die ich mir mühsam erkämpft hatte, kam mir erst gar nicht.

Ich löste mein Problem mit einer Tagesmutter, die zu uns nach Hause kam und gleichzeitig ein anderes Kind mitbetreute, mit dem mein Sohn bis heute befreundet ist. Nach eineinhalb Jahren zogen wir mit den Eltern dieses Kindes zusammen und waren für fünf Jahre eine große Familie, die viele Probleme gemeinsam lösen konnte.

Ich stillte mein erstes Kind vier Monate lang, alle weiteren mehrere Jahre.

Aus dieser Erfahrung heraus möchte ich Müttern raten, nicht vorschnell aufzugeben und sich von Hebammen und in Stillgruppen eingehend beraten und helfen zu lassen. Es gibt so viele Mittel, den Milchfluß anzuregen, Entzündungen zu heilen und Schmerzen zu lindern. Damit keine Überforderung aufkommt, tut es gut, bei allen anderen pflegerischen Tätigkeiten andere Menschen, vor allem den Vater, um Hilfe zu bitten. Junge Mütter fühlen sich in einer schrecklichen Zerreißprobe: Einerseits wird von allen Seiten suggeriert, daß es ein riesiges Glück ist, ein Baby zu haben – was ja zweifellos stimmt und auch so erlebt wird. Andererseits spricht kaum jemand über die enormen Strapazen, die Muttersein in heutiger Zeit zwangsläufig begleiten. Von uns wird der Spagat zwischen attraktiver berufstätiger, erfolgreicher Frau und warmherziger, geduldiger, kompetenter Mutter ganz selbstverständlich erwartet. Man müßte schon ein Engel sein, um das zu bewerkstelligen. Aber Engel bekommen keine Kinder. Merkt euch das, Mütter. Ihr müßt nicht perfekt sein!

Stillen ist jedoch auch praktisch und erleichtert in vielen Situationen das Leben. Wir brauchen keine Flaschen, kein abgekochtes Wasser, keine Temperaturkontrolle, müssen uns keine Sorgen um Verträglichkeit und um Krankheiten machen. Gestillte Babys werden einfach nicht krank, sehr lange profitieren sie von unseren Abwehrstoffen, und wenn sie dann ihr erstes »Dreitagefieber«, und wie die Krankheiten alle heißen, bekommen, sind sie schon in einem Alter, in dem wir uns aus der Zone der Lebensbedrohung herausbewegt und Sicherheit im Umgang mit dem Kleinen erlangt haben.

Stillen tut – nach Überwindung anfänglicher Schwierigkeiten – auch der Mutter gut. Durch das Stillen vollzieht sich der Prozeß der Rückbildung der Gebärmutter leichter und problemloser. Prolactin, das Hormon, das den Milchfluß anregt, ist ein Freudenhormon. Es macht uns glücklich, zu stillen. Es macht uns stolz, aus eigener Kraft das Kind ernähren zu können. Es erfüllt uns mit Freude, unser Kind gestillt, beruhigt, getröstet und gesättigt zu haben und jenem unwiederbringlichen Moment beiwohnen zu dürfen, in dem der satte Säugling die Brustwarze losläßt und in unbeschreiblicher Wohligkeit, in vollkommenem Glück in Schlaf fällt und uns dann hin und wieder mit seinem Engelslächeln verzückt. Binden und Loslassen: Beim Stillen kann man diesen Prozeß in aller Deutlichkeit wahrnehmen: Das Kind sendet ein Signal des Hungers. Wir eilen zu ihm, wir stillen es und gehen eine tiefe Bindung ein, die das Baby nach einer Weile selbst löst, indem es die Brustwarze ausspuckt, freigibt und zufrieden bei sich ist.

Wenn wir die Signale des Kindes beachten, zeigt es uns, was es braucht, nämlich beides: die intensive Zuwendung im Beisammensein und die Ruhe im Alleinsein. Wer weiß, wo sich seine Seele aufhält, wenn es zufrieden schlummert?

Einen ganz anderen Aspekt des Stillens führt Kirsten von Sydow an. »Was in einer Frau vorgeht, versteht kein Mann«, zitiert sie und führt aus, daß Stillen auch eine erotische Erfahrung sein kann. »In unserer Kultur dominiert die Vorstellung von asexueller Mutterschaft, während gleichzeitig der weibliche Busen – biologisch als Nahrungsquelle für Babys ›konzipiert‹ – als einer der wichtigsten sexuellen Reize der Frau gilt ... Tatsächlich besteht ein enger Zusammenhang zwischen dem Let-down-Reflex (dem komplexen Wechselspiel zwischen Ansaugen und Ausscheiden der Milch) und der weiblichen Sexualreaktion. In beiden Fällen treten Uterus-Kontraktionen und Erektion der Brustwarzen auf, und das Hormon Oxytocin wirkt gleichermaßen auf die Milchausschüttung wie auch auf Muskelkontraktionen der Gebärmutter, die charakteristisch für den weiblichen Orgasmus sind.« (von Sydow, S. 398)

Für viele Frauen ist die sexuelle Natur des Stillens beunruhigend und angsterregend, viele fühlen sich sogar schuldig für ihre erotischen Gefühle. »Mütterlichkeit gilt als unvereinbar mit Erotik und Sexualität. Das führt dazu, daß fast alle Frauen in christlich geprägten Kulturen sexuelle Gefühle bei der Kinderpflege und beim Stillen unterdrücken – im Gegensatz zu Frauen in nichtindustriellen Kulturen, in denen Mütter auch sinnliche Gratifikationen aus der Kinderpflege beziehen. Der Preis für die Tabuisierung und Unterdrückung lustvoller Gefühle bei der Versorgung von Kindern kann jedoch darin liegen, daß Mutter und Baby eine weniger liebevolle psychische und physische Beziehung zueinander erleben.« (von Sydow, S. 398)

Interessanterweise werden Jungen häufiger und länger gestillt als Mädchen, gleichzeitig nimmt nach der Geburt eines Jungen elterliche Sexualität stärker ab als nach der Geburt eines Mädchens (vgl. von Sydow, S. 400).

Diese Daten sollten uns zum Bewußtwerden eigenen Verhaltens anregen. Kinder haben zweifellos eine erotische Ausstrahlung, die ihnen hilft, angenommen zu werden und zu überleben. Sie stellt Bindung her. Es muß wohl nicht besonders betont werden, daß Eltern mit dieser Ausstrahlung verantwortlich – und nicht mißbrauchend – umgehen müssen. Mißbrauch entsteht da, wo wir das Kind an uns binden, wenn es losgelassen werden will. Wenn wir ihm Verhalten aufzwingen, etwas tun, was das Kind nicht mag. Feinfühligkeit bedeutet, das Kind zu beobachten und seine Bedürfnisse herauszufinden und zu befriedigen. So entsteht Bindung, die gleichzeitig Loslassen ermöglicht.

»Eine Mutter ist wie ein Orchesterdirigent«, schreibt Daniel Stern. »(Oder ist das Baby der wahre Dirigent? Oder sind es beide abwechselnd?) Sie bringt verschiedene Instrumente ins Spiel (Schaukeln, Wiegen, Sprechen), die gerade erforderlich sind, um bei ihrem Baby das richtige Erregungs- und Aktivitätsniveau zu erhalten, so daß das Füttern in einem sinnvollen Tempo vorangeht.« (Stern, S. 124)

Stillen ist intensive, nichtsprachliche Kommunikation zwischen Mutter und Kind. »Das Füttern ist eine natürliche, lebensnotwendige Interaktion, die Ihnen Vertrauen in Ihre Fähigkeit geben kann, eine Beziehung zu Ihrem Baby aufzubauen. Sie werden lernen, die Signale Ihres Babys zu deuten und sich so zu verhalten, daß das Füttern für beide Seiten befriedigend wird. Sie werden lernen, wie Sie und Ihr Baby sich am besten gegenseitig anpassen, und Sie werden beginnen, Ihr Baby als eigenständige Persönlichkeit wahrzunehmen.« (Stern, S. 125)

Neben dem Stillen halte ich das Tragen für sehr bedeutsam. Die intensive Körpernähe, die durch das Tragen hergestellt wird, gibt dem Kind Sicherheit und das wunderbare Gefühl, gemeint zu sein, geliebt zu werden. Tragen ist jedoch noch mehr. Auf den Armen eines Menschen findet das Kind den Platz, der ihm biologisch zugedacht ist. Wir sind entwicklungsbiologisch sehr eng mit Primaten, also »Menschenaffen« verwandt. Sie alle tragen ihre Kinder. An unseren Neugeborenen können wir fasziniert den Reflex beobachten, bei dem das Baby – bei Erschütterung oder Schreck – die Arme hochreißt. Dies diente dem blitzschnellen Anklammern am Fell der Mutter bei Gefahr. Jean Liedloff, die jahrelang bei den Yequana in Südamerika lebte und auch dortige Eltern beobachtete, schreibt: »Sein Platz auf den Armen ist der erwartete Platz, seinem innersten Gefühl nach *sein* Platz, und was er erfährt, während er getragen wird, ist für sein Kontinuumgefühl annehmbar, erfüllt seine jetzigen Bedürfnisse und fördert seine Entwicklung auf die richtige Weise.« (Liedloff, S. 46 f.)

Interessant ist auch, daß die senkrechte Haltung, die das Baby beim Tragen am Körper einnimmt, genau die Haltung ist, die seine Entwicklung optimal fördert. Alle Baby-Forscher haben die Neugeborenen für ihre Experimente in eine senkrechte Lage gebracht. So waren die Kinder aufmerksam und ansprechbar.

Einige Jahre später machte die Psychologin und Ergotherapeutin Jean Ayres auf die *Bausteine kindlicher Entwicklung* aufmerksam. Bei ihrer Arbeit mit behinderten Kindern erkannte sie, daß Entwicklung sich in einer sinnvollen Abfolge vollzieht, bei der kein Schritt übersprungen werden darf. Sie stellte fest, daß Babys die Empfindungen ihres Körpers deuten und mit Reflexen darauf reagieren können. Bereits im Mutterleib wurden die Sinnesorgane für Berührungsreize angelegt. Streichelt man die Wange des Neugeborenen, dreht es sein Köpfchen zur Hand hin. Das erleichtert ihm, seine Nahrung zu finden. Legt man ein Tuch über seinen Kopf, versucht es, sich mit Händen und Kopfbewegungen von diesem Tuch zu befreien. Durch jede Berührung, die das Kind erfährt, entwickelt sich sein Gehirn, während gleichzeitig die Bindung gefestigt wird. Legt man dem Baby etwas in die geöffnete Hand, greift es reflexartig danach. Da es seine Hände noch nicht willentlich öffnen kann, bleiben die Fäustchen geschlossen; so kann es sich anklammern.

Das Neugeborene zeigt auch auf Schwerkrafteinwirkung und Bewegungsabläufe Reaktionen, die von seinem Innenohr, dem Gleichgewichtsorgan, ausgehen. Schon mit vier Wochen schmiegt sich das Baby den Armen und dem Körper des Tragenden an. Es fühlt bereits, wie es dies mit Hilfe der Muskeln und Gelenke tun kann. Lockert der Träger plötzlich seinen Griff – etwa weil er stolpert –, bewegen sich Arme und Beine reflexartig nach außen, so als wollte es sich festhalten. Über die Sinnesorgane erhält das Gehirn Informationen, die für die weitere Entwicklung unerläßlich sind. »Jede Mutter lernt schnell zu begreifen, daß Geschaukelt- und Getragenwerden ihrem Kind Behagen bereitet und es gewöhnlich auch beruhigt. Die Einwirkungen leichter Körperbewegungen helfen dem Gehirn, sich zu ordnen. Zusätzlich zur Beruhigung des Babys bringt das Gefühl des Getragen- oder Geschaukeltwerdens Empfindungen hervor, die wesentliche Bausteine für andere Erlebnisse und selbstgewählte Körperbewegungen liefern. Obwohl man nicht unmittelbar sehen kann, wie dies alles im Gehirn abläuft, kann man trotzdem leicht bemerken, daß das Kind getragen und geschaukelt werden will. Empfindungen, die das Kind glücklich machen, fördern seine Wahrnehumgsintegration.« (Ayres, S. 22)

Ein Tragetuch, wie es fast alle Naturvölker seit Jahrtausenden benutzen, ermöglicht, das Baby immer bei sich zu haben und trotzdem den gewohnten Aufgaben nachzugehen. Auf diese Weise liegt das Kind warm, ruhig und geborgen – an uns gebunden im doppelten Sinn. So entsteht Urvertrauen, die sichere Basis, von der aus das Kind später seine Neugier und Unabhängigkeit entfalten wird. Ein Tuch begrenzt das Kind auch auf ähnliche Weise, wie es dies im Mutterleib erlebt hat. Daher raten viele Hebammen Eltern, dem Baby in den ersten Wochen Bedingungen zu schaffen, die denen in der Gebärmutter ähneln: eine gewisse Enge, Hülle etwa durch ein Mützchen, und Begrenzung. Manche Neugeborene bewegen sich in ihrem Bett nach oben, bis sie die Grenze am Kopf spüren und dadurch ein Gefühl der Sicherheit erhalten. Wir sollten sie also nicht wieder herunterziehen, sondern diese Begrenzung weich auspolstern.

Jedes Tragen am Körper ruft dieses sichere Gefühl beim Baby von selbst hervor.

Kein noch so moderner Kinderwagen kann dieses Vertrauen vermitteln und keine Natur-Latex-Matratze diese Empfindung herstellen. Väter können, indem sie ihr Kind tragen, erleben, wie es sich anfühlt, einem Baby ganz nahe, mit ihm verbunden zu sein. Der beruhigende Herzschlag, die Vibration seiner Stimme, der Rhythmus des Gehens vermitteln dem Baby: Hier sind Menschen, die mir wohlgesonnen sind, die mich liebend umsorgen. Inzwischen werden sogar auf einigen Frühgeborenenstationen die Vorteile des Tragens genutzt: »Kangarooing« heißt das Tragen des Frühchens direkt am Körper mit Kontakt von Haut zu Haut, das die Stimulation der Sinne des Babys fördert und die Entwicklung positiv unterstützt. »In dieser Weise, das ist die Lektion, die wir von den sogenannten Naturvölkern lernen können, haben Mütter und andere Bezugspersonen seit den ersten Tagen der Existenz unserer Spezies ihre Kinder großgezogen. Trotz Belastung durch Krankheiten, schwierigen Ernährungsbedingungen und anderen Widrigkeiten. So entsteht, auf der Basis biopsychologischer Verhaltensanpassungen, die Bindung zum Kind, und so kann sich dessen Urvertrauen entwickeln. Auf dieser Grundlage kann das weitere Leben gemeistert werden«, stellt Wulf Schiefenhövel von der Forschungsstelle für Humanethologie in Andechs fest (Rinnhofer, S. 16).

Stillen, Tragen und Schlafen des Babys nackt auf unserem Körper sind mir auch deshalb so wichtig, weil beides zu unserer natürlichen, biologischen Grundausstattung gehört und sichere Bindung herstellen hilft. In den letzten Jahrzehnten wurde unsere biologische Ausstattung oft bagatellisiert oder nicht wahrgenommen. Ich selbst hatte auch lange Zeit den Verdacht, man wolle damit soziale Mißstände und Ungerechtigkeiten übertünchen. Inzwischen sind grundlegende Unterschiede zwischen männlichem und weiblichem Gehirn nicht mehr zu leugnen, weil wissenschaftlich belegt. Ich bin nicht mehr der Meinung, daß Väter ebensogut auch Mütter sein können – »alles reine Erziehungssache«, wie ich früher dachte. Es stimmt schon, daß der Mensch unglaublich flexibel ist und daß das Baby natürlich auch allein mit einem liebevollen Vater glücklich heranwachsen kann. Aber unsere über Jahrmillionen angelegte innere Ausstattung sieht es anders vor. Nur Frauen können Kinder gebären und haben Brüste. Wenn eine Frau nicht stillen kann oder will, wird ihr Kind weder unbedingt erkranken noch zwangsläufig unglücklich sein. Bindung kann auch ohne Stillen – etwa durch intensiven Hautkontakt geschehen. Schuldgefühle nicht stillender Mütter wären völlig fehl am Platz, und jeder Mensch hat sein ureigenes Schicksal.

Niemals können wir aber ignorieren, daß unsere Entwicklung Teil eines großartigen, auch biologischen Planes ist, dessen Wunder wir noch längst nicht vollständig durchschaut oder erforscht haben – selbst dann nicht, wenn der Mensch nun geklont werden kann. Jedes Einwirken und Verändern dieses Planes wird Konsequenzen haben, deren Auswirkungen wir heute längst noch nicht alle wahrnehmen.

Was aber heute jeder beobachten kann, sind Entwicklungs- und Wahrnehmungsstörungen bei Kindern und Krankheiten, Suchtverhalten und Depressionen bei Erwachsenen. Kinder sind darüber hinaus die einzige Bevölkerungsgruppe, deren Gesundheitszustand sich in den letzten zwanzig Jahren verschlechtert hat. Man denke nur an die zahlreichen Allergien und chronischen Krankheiten.

In einer Zeit, in der wir uns mehr denn je leisten können, leben wir doch keineswegs gesünder. Immer neue Krankheiten betreffen und verängstigen uns.

Es ist meine persönliche Überzeugung, daß wir erfüllter, glücklicher und gesünder leben könnten, wenn wir uns mit unserer Natur versöhnen und von ihr lernen würden, anstatt sie zu bekämpfen.

Jungen Eltern wird eine unglaubliche Vielfalt an Babyausstattung, Spielzeug, Bekleidung und sonstigem »Equipment« geboten. Nichts, aber auch gar nichts von alledem stellt Bindung her. Es gibt keine Babybettchen, die das Kind besser schlafen lassen, es gibt kein Spielzeug, das einem Kind die Angst nimmt, und kein Mobile, das dem Kind über den Kummer der Einsamkeit hinweghilft.

Wie weit sind wir gekommen, wenn wir unsere Kinder mit mütterlichem Herzschlag vom Kassettenrekorder, sprechenden Bärchen und Spieluhren trösten wollen? In der japanischen Altenpflege werden neuerdings Computer eingesetzt, die alte Menschen aus dem Bett heben und andere pflegerische Aufgaben übernehmen. Wird das künftig auch mit unseren Babys geschehen?

Wenn ich Versöhnung mit der Natur meine, heißt das nicht »zurück in die Steinzeit«. Es bedeutet nichts anderes, als von der Natur zu lernen, sie und damit uns selbst genau zu beobachten und zu unserer eigenen inneren Weisheit zurückzufinden. Wenn wir uns die Frage stellen: Was tut mir gut? Was tut meinem Kind gut? Und wie kann ich beides verbinden?, stellt sich dieser Prozeß von selbst her.

Der nächtliche Schlaf ist zum Beispiel ein Grundbedürfnis. Haben wir das Baby bei uns im Bett, können wir es im Halbschlaf stillen und warm und gemütlich weiterschlafen. Alle Säugetiere tun das so. Im Mutterschaftsurlaub können wir auch am Tag gemeinsam mit dem Baby noch einmal schlafen. Nur Arbeitshetze, Konsumorientierung, fragwürdige Ratschläge und gesellschaftliche Zwänge können uns davon abhalten.

Erst auf der Grundlage der tiefen Geborgenheit, der erfühlten Sicherheit und des grenzenlosen Vertrauens kann sich der nächste Schritt, die Ablösung, problemlos vollziehen.

Neben dem Stillen und Tragen werden Eltern ein drittes Band beobachten können, das Bindung erschwert oder erleichtert. Es ist das Band unserer eigenen Vorstellungen und Phantasien und deren Übertragung.

Rein statistisch gesehen wünschen sich heute die meisten Eltern in Europa ein Mädchen als erstgeborenes Kind. Geht dieser Wunsch in Erfüllung, werden diese Eltern ihr Kind als besonderes Geschenk betrachten, und durch ihre bewußten und unbewußten Bilder über das Leben mit einem Mädchen wird Bindung erleichtert. Blieb in früheren Zeiten der »Stammhalter« aus, war die Enttäuschung oft groß. Bis heute leiden viele Kinder darunter, daß sie nicht das »richtige« Geschlecht oder Aussehen haben.

Gleicht ein Kind einem Elternteil »aufs Haar« oder hat es eine besondere Ähnlichkeit mit geliebten und vielleicht sogar verstorbenen Verwandten, wird es zeitlebens mit diesem in Verbindung gebracht. Solche Kinder sind auf zwiespältige Weise »gebunden«. Zum einen werden sie besonders geliebt, zum anderen vielleicht nicht in ihrer Individualität wahrgenommen und akzeptiert.

Jede Mutter und jeder Vater macht sich Vorstellungen von seinem Leben mit Kind. Das Kind ist wie eine Leinwand, auf die wir unsere Hoffnungen und Phantasien wie einen Film projizieren. Aus dieser inneren Erfahrungswelt ergibt sich der Umgang mit dem Baby beim Spielen, Wickeln, Stillen und Tragen. »Wir erkennen inzwischen, daß die Mutter-Kind-Beziehung ebenso wie die künftige Entwicklung des Kindes weitgehend davon abhängt, was eine Mutter denkt und fühlt, und daß dieses Denken und Fühlen in ihrer eigenen Geschichte gründet.« (Stern, S. 30)

Es tut gut, sich dieser Mischung aus Erfahrung und Phantasie bewußt zu werden, sich als Eltern und vielleicht auch mit den Großeltern darüber auszutauschen, um sich anschließend davon zu verabschieden.

Ein Kind ist immer nur es selbst und es bringt eine Menge Ungeahntes, nicht Vorstellbares mit. Es ist ein Wunder, das sich allmählich vor unseren Augen auswickelt, wie eine Knospe, von der wir nicht wissen, zu welcher Blüte sie sich entfalten wird. Der Begriff »Entwicklung« macht diesen Prozeß deutlich.

Mit Geduld und Hingabe dürfen wir beobachten, was aus der Liebe zweier Menschen entstanden ist. Wir stellen Bindung her, indem wir das Kind so annehmen, wie es ist, und all unsere Wünsche und Projektionen loslassen, damit es ganz es selbst werden kann.

Nichts schwerer als das! In der Psychologie redet man häufig von »selbsterfüllenden Prophezeiungen« – das sind innere Denkmuster, die sich auf die Realität auswirken. Unsere Gedanken schaffen Realität. »Als Mutter prophezeien Sie, welche Menschen in Ihrem zukünftigen Leben eine Rolle spielen sollen und welche Bedeutung diese Menschen für Sie haben werden, und diese Prophezeiungen erfüllen sich selbst. Gerade deshalb ist es so wichtig, daß Sie sich diesen geistigen Prozeß bewußt machen. Ihr Kind und die anderen Familienmitglieder werden mit den Vorgaben leben müssen, die Sie für sie entwerfen. Diese Vorstellungen werden zur Richtschnur für die Zukunft, aber da sie in der Regel unbewußt entwickelt werden, sind sie selten sorgfältig durchdacht... Ihre Erwartungen im Hinblick auf Ihren Sohn oder Ihre Tochter können das Kind zu großen Taten anspornen, es aber ebenso in seiner Entwicklung hemmen.« (Stern, S. 75)

Forscher haben auch herausgefunden, daß Babys ein Mittelmaß an Intensität von Reizen bevorzugen. Wir können unsere Kleinen also nicht zu Spitzensportlern oder Pianisten »erziehen«. Zu schwache oder zu starke Reize langweilen oder überfordern das Baby. Das Kind braucht sein inneres Gleichgewicht, um sich optimal zu entwickeln. Jedes Zerren in eine bestimmte Richtung hemmt seine Entwicklung, während die »natürliche Choreographie«, der Umgang, den Eltern meist ganz von selbst und ohne Anleitung mit ihren Kindern pflegen, in den allermeisten Fällen der optimale ist.

Im folgenden führe ich beliebte Projektionsbeispiele an.

1. Das Baby als Stimmungsaufheller

Menschen, die zu Depressionen neigen, erhoffen sich von einem Kind oft Freude und Sonnenschein. Tatsächlich kann Kinderlachen Erwachsene aufheitern. Als Antidepressivum für Mutter oder Vater zu dienen wird jedoch jedes Kind erheblich überfordern. Um dieser enormen Verantwortung gerecht zu werden, müßte das Baby heiter, lebhaft und niedlich sein. Was aber, wenn es ein ruhiges, stilles und häufig weinendes Kind wird?

2. Das Baby als Ersatz für einen Verlust

Wenn Mutter oder Vater vor der Geburt einen geliebten Menschen verloren haben, könnten sie versucht sein, in ihrem Kind einen Ersatz für diesen Menschen zu sehen. Diese Rolle kann für das Baby eine gewaltige Belastung darstellen. Es soll in die Fußstapfen eines anderen Menschen treten, obwohl es weder den Eltern noch dem Kind bewußt ist, daß dies seine Bestimmung sein soll. Manchmal werden Kinder auch nach Verstorbenen benannt. Aber jeder Mensch hat seine ureigene Bestimmung und Lebensaufgabe und kann niemals einen anderen ersetzen.

3. Das Baby als Liebeselixier

Manche Eltern fantasieren, das Baby würde sie bedingungslos und immer verläßlich lieben. Je weniger Liebe Mutter und Vater als Kind bekommen haben, desto mehr sehnen sie sich nach dieser bedingungslosen Liebe. Solche Erwartungen müssen zwangsläufig enttäuscht werden. Bedingungslose Liebe können wir auf dieser Welt nur von uns selbst, von Gott oder von großen Meistern empfangen.

Mit unseren Kindern werden wir – genau wie mit anderen Menschen – immer wieder Konflikte und Enttäuschungen erleben. Das bietet uns eine Chance, daran zu wachsen.

4. Das Baby als Ehe-Kitt

Manchmal erhoffen sich Eltern, das Baby würde sie automatisch fester zusammenschweißen, ihnen Halt geben und ihre Beziehung verbessern. Leider ist das Gegenteil der Fall. Die Verantwortung für ein Kind schafft viele neue Konflikte und führt immer zu einer Ernüchterung der Beziehung. Kein Baby kann eine Ehe retten, selbst wenn es noch so erwünscht ist.

Was tun, wenn Sie nun die eine oder andere Phantasie bei sich entdeckt haben? Verurteilen Sie sich nicht dafür! Es ist normal, solche inneren Bilder und Vorstellungen zu haben.

Lächeln Sie sich selber zu. Sagen Sie sich: Ich darf diese Phantasien haben – aber mein Kind muß sie nicht erfüllen. Mein Kind hat seinen ureigenen Weg und sein ureigenes Wesen. Indem Sie Ihr Kind täglich einfühlsam beobachten, werden Sie sein wahres Wesen immer besser erkennen und verstehen lernen und ihm ein guter Begleiter auf seinem Weg werden.

Still

Ich sehe an mir hinab.

Sind sie zu groß, zu klein.

Werden sie genug Milch produzieren.

Auch lange genug.

Sind die Brustwarzen auch nicht zu sehr in den Hof ge-
schlüpft?

Kann das Kleine sie packen, will es sie packen...?

Ist es zufrieden, satt, danach?

Schreie, Hunger, Nähe.

Die Signale sind klar und ich folge ihnen.

Doch die leise Angst verschwindet nicht.

Nein.

Nein, ich freue mich nicht auf das Stillen.

Ich muß es können.

Auf den bunten, freundlichen Blättern der Elternzeitschrif-
ten sind lächelnde Mütter mit prallen Brüsten und wohl-
genährte Babys abgebildet.

Muttermilch ist das Beste. Das klingt wie eine Drohung.

Ich fühle mich wie vor einer Prüfung in der Schule. Welche
Note bekomme ich?

Blödsinn, da ist doch niemand, der mich bestraft.

Du bist jetzt da.

Trinkst.

Stille.

Das ist schön.

Halte ich Dich richtig?

Dein Kopf ist schwer.

Stille.

Das ist schön. Du hast die Augen geschlossen und ich auch.

Eins.

Du schläfst nun, und ich döse auf dem Balkon.

In der Zeit dazwischen schwelle ich an ... es tröpfelt feuchtwarm zwischen meine Brüste ... ich stopfe etwas, das aussieht wie Abschminktücher, in meinen BH.

War ich schon wieder zu lange weg?

Du brauchst mich.

Ich spüre das, und meine Schritte nach Hause werden unwillkürlich schneller.

Zielgerichtet.

Ich habe nichts mehr zu suchen in den Straßen, die mich nichts angehen.

Du brauchst mich. Das ist schön.

Heute ist es heiß.

Die ausgeschnittenen Kleider kann ich nicht tragen; wegen der Einlagen.

Findet Dein Vater mich noch schön?

Ich habe seine streichelnden Hände auf meinen Brüsten immer genossen.

Gleich tropft Milch heraus ...

Er lächelt; verständnisvoll und etwas verlegen ... zieht sich zurück.

Jetzt bist Du dran.

Dein kleiner Mund schnappt wie ein Fischmäulchen.

Kennst Du mich?

Oder bin ich nur eine Milchkuh?

Du zerrst und ziehst. Ob mein Busen den Halt dabei verliert?

Ich bin so gerne auch Frau, nur Frau ...

Oder gar eine Entzündung ... wieder Schmerzen ...

Natürlich weißt Du nichts davon.

Du nimmst.

Ich gebe.

Du nimmst.

Hast Du genug getrunken?

Zwei Stunden, drei, vier Stunden ...

Heute bekommst Du zum erstenmal die Flasche. Ein wenig versuchst Du sie schon selbst zu halten. Du umschließt den Sauger, Du spürst die Flüssigkeit, trinkst.

Milliliter um Milliliter verschwinden. Ich kann es sehen. Die Flasche ist bis auf einen kleinen Rest – leer.

Ich weiß, Du bist satt.

Spätabends – auf dem Schaukelstuhl – halte ich Dich einfach nur so, ohne Absicht. Ich wiege leicht hin und her. Ganz nahe, da an die linke Seite meines Leibes gedrückt, da wo mein Herz schlägt, da halte ich Dich. Diesen Rhythmus, den Du so gut kennst.

Ich strecke den Zeigefinger aus, und Deine Hand hält ihn fest. Mit der anderen streichst Du über die Haut an meinem Hals.

Ist es die Richtige?

Ich lächle.

Wir erkennen uns. Das ist schön.

Halten

Du willst alles entdecken.

Das Hundebaby im Gras, das Unsichtbare, was da unter den Blättern raschelt.

Und das Gesicht des fremden Mannes am Nachbartisch, das Du unverwandt anstarrst.

Doch der da, der jetzt gerade zur Tür hereinkommt, einfach ins Zimmer tritt, in diesen geschützten Raum, der nichts Fremdes duldet... wie ein kleines Äffchen klammerst Du Dich an mich.

Da ist die Angst und hier der Trost. Ich muß nichts sagen, nichts tun, Dich einfach nur halten. Sanft lege ich eine Hand auf Deine Schläfe, wie um alle störenden Reize abzuschirmen.

Nur halten, Dich meine Haut spüren lassen, meinen Atem, meinen Herzschlag.

Einfach da-sein, wie der Himmel, die Gräser, der Wind...

Stille.

Ich stelle Stille um Dich her, zumindest versuche ich es. Ich bin wieder Quelle, muß es sein, auch wenn ich manchmal selber so durstig bin.

Du trinkst, trinkst und schaust Dich dann wieder um:

Sonnenstrahlen, eine rothaarige Puppe und der große Bruder, der lachend über die Wiese hüpft. Noch einmal siehst Du mich an, ich lächle, nicke Dir zu... Du gleitest sanft, unendlich sanft, beinahe zögerlich von meinem Schoß... Du plapperst, gurrst ... lachst laut ... willst wieder – alles entdecken.

Wenn aus Partnern Eltern werden. Der Einfluß der Elternbeziehung auf die Beziehung zum Kind

Seit vielen Jahren machen sich Erziehungswissenschaftler und Laien Gedanken über Elternbildung. Es gibt sogar Stimmen, die nach einem »Führerschein für Eltern« verlangen. Fest steht – und das ist wissenschaftlich belegt –, daß viele Eltern Kurse besuchen, in denen sie sich gemeinsam auf die Geburt vorbereiten. Wochenlang erlernen sie Atemübungen, lindernde Massagen und zahlreiche nützliche Informationen für einen einzigen, wichtigen Tag: den Tag der Geburt. Es gibt auch Wickel- und Pflegekurse, die Mütter und Väter vorbereiten auf Windeln und Baden und Füttern. Was aber kommt dann? Kaum einer weiß jungen Eltern zu berichten, wie die Zeit nach der Geburt verläuft, was sich in der Paarbeziehung meist dramatisch ändert und wie Tage und Nächte verlaufen werden. Ganz allein stehen die jungen Eltern mit ihren Problemen da, und ein Stapel Illustrierte und Prospekte zeigt ihnen lächelnde Babys in entzückenden Stramplern. Süß! Sie schämen sich, weil ihr Baby nicht süß ist und weil sie selbst nicht glücklich sind, sondern nur gestreßt und genervt. Sie schämen sich so sehr, daß sie nicht einmal einen Kurs besuchen würden, der diese Probleme anspricht – aber wie sollen sie das auch, wo das Kind doch so anstrengend ist und sie es nicht alleinlassen können?!

Weit über die Hälfte der Eltern trennt sich, bevor das Baby sicher laufen kann. Oft bleibt das Kind bei der Mutter und verliert den Kontakt zum Vater immer mehr. Die Bindung zerreißt.

Warum das alles?

Ich glaube, es ist in erster Linie die Enttäuschung. Alle Eltern tun ihr Bestes – aber nicht alle werden mit dem belohnt, was sie erhofft haben: mit einem zufriedenem Baby. Anstatt sich dem schreienden Kind verstärkt zuzuwenden, verlieren viele Eltern die Nerven und wenden sich ab. So bekommt das Bindungsband gefährliche Risse. Zwischen Scham und Schuld mischen sich Wut und Verzweiflung.

Aber selbst sehr zufriedene Babys sorgen für Konfliktstoff. »Ich arbeite den ganzen Tag hier im Haus, und wenn du abends nach Hause kommst, habe ich nur noch meine Erschöpfung vorzuweisen«, ist eine Klage, die mir selbst vertraut ist. Die Frau fühlt sich so alleingelassen, eingekerkert und beschämt, denn alles, was sie erlebt, darf eigentlich nicht sein.

Die nächste Enttäuschung betrifft die Partnerschaft. Die wenigsten Männer bedanken sich bei ihren Frauen für die Leistung der Schwangerschaft und Geburt. Diese mangelnde Wertschätzung wird sich in den folgenden Monaten noch verschärfen. Viele Männer können sich in die Gefühle junger Mütter nicht hineinversetzen, empfinden Eifersucht bei der engen Bindung von Mutter und Kind und fühlen sich vernachlässigt. Sie leiden unter dem Mangel an Sexualität und Zuwendung. Zu Recht sind viele Mütter hierüber empört und reagieren mit Vorwürfen, die zu weiteren Spannungen führen. Schließlich ist jetzt ein enormer Berg an Wäsche zu bewältigen, die Hausarbeit kann nicht mehr in der üblichen Weise erledigt werden, und Einkaufen und Kochen werden zu Strapazen. Der Vater arbeitet oft lieber länger, als zu Hause angenörgelt zu werden. Er trifft sich mit Freunden, um nicht das Geschrei seines Kindes und die Vorwürfe seiner Frau ertragen zu müssen.

Umgekehrt verstehen auch Mütter ihre Männer oft falsch. Wenn sie sich gerade jetzt im Beruf engagieren, dann auch, um der kleinen Familie Sicherheit zu bieten. Anstatt dafür anerkannt zu werden, ernten sie oft nur lauten Tadel. Sie können es ihren Frauen nicht recht machen und erleben eine Schlappe nach der anderen mit dem Kind. Sie haben keine Ahnung und machen alles falsch.

Auch kleine Gesten der Zuneigung werden leicht falsch

gedeutet. Er bringt ihr Rosen mit – sie möchte aber lieber, daß er Wäsche aufhängt! Er geht mit dem Kind eine Runde spazieren, sie hätte lieber geküßt werden wollen und zärtlich umarmt, statt dessen verschwindet er schon wieder.

»Verletzte Gefühle und ein angeschlagenes Ego lassen sich vermeiden, wenn der Ehemann sich bemüht, die Sprache und die Empfindungen zu erlernen, die mit der mütterlichen Wahrnehmung verbunden sind. Er muß begreifen, daß er Zeuge einer natürlichen und nahezu zwangsläufigen Veränderung ist, die die meisten jungen Mütter erleben und die in den Monaten nach der Geburt am deutlichsten ausgeprägt ist.« (Stern, S. 14)

Indem Eltern sich immer wieder über ihre Gefühle, Bedürfnisse und Wünsche austauschen und versuchen, ohne Vorwürfe und bissige Kommentare miteinander zu reden, können sie viel gewinnen und ihre Liebe auf eine tiefere und verantwortungsvollere Basis stellen. Einfach ist das nicht!

Es gibt jedoch einige Regeln, die grundsätzlich von Nutzen sind:

1. Sprechen Sie nur von sich selbst und in der Ich-Form. Reden Sie über Ihre Gefühle, erzählen Sie, wie es Ihnen geht.

2. Hören Sie aufmerksam zu und unterbrechen Sie den Partner nicht! Unterstützen Sie den Redner durch Blickkontakt, Nicken und kleine Gesten. Sprechen Sie Anerkennung aus für verständliche Formulierungen o. ä.

3. Bleiben Sie möglichst im Hier und Jetzt. Vermeiden Sie alle Verallgemeinerungen wie »immer«, »nie«, »keiner«.

Die Mehrheit aller Mütter und Väter erlebt nach der Geburt des ersten Kindes eine Ernüchterung in ihrer Paarbeziehung. Und je unzufriedener die Eltern sind, desto schwerer gelingt Bindung. Die schwierigste Situation in einer jungen Familie entsteht, wenn so vieles unerwartet kommt. Gruppen zu bilden, in denen sich Eltern austauschen und gegenseitig helfen können, wäre daher ein wichtiger Schritt.

Auch ahnen die wenigsten Paare, daß durch die Existenz eines gemeinsamen Kindes eigene Kindheitsmuster wiederbelebt werden. Die Bereitschaft, ein Kind zu trösten oder schreien zu lassen, hat viel mit eigenen Erlebnissen zu tun.

Das Beziehungsband, das die junge Mutter zu ihrer eigenen Mutter hatte oder hat, wird durch die Geburt eines Babys aktiviert. Je nachdem stellt sie sich die ängstliche oder hoffnungsvolle Frage: Werde ich so sein wie meine Mutter?

Im Wechsel der Generationen wiederholen sich positive wie negative Dinge mit erschreckender Vorhersagbarkeit. Eltern, die ihre Kinder mißhandeln, sind selber als Kind mißhandelt worden. Auch mangelnde Konfliktfähigkeit, Bereitschaft zur Trennung ohne Klärungsversuch, Alkoholsucht und andere Störungen werden häufig von Eltern an Kinder weitergegeben.

Karl Heinz Brisch betont, daß Eltern, die als Kinder selber nicht sicher gebunden waren, therapeutische Hilfe benötigen, um ihren Kindern sichere Bindung zu ermöglichen (vgl. Brisch, S. 268).

Wenn Frauen mit Männern Kinder zeugen, die in ihrer Kindheit viele unbewältigte Konflikte erleben mußten, während sie selbst eine als glücklich erlebte Kindheit hatten, kam es im Laufe der Beziehung zu immer größerer Unzufriedenheit von seiten der Frau, berichten Carolyn und Philip Cowan in ihrem sehr lesenswerten Buch. Das muß jedoch nicht zum Scheitern der Ehe führen, wenn beide Partner bereit sind, über ihre Probleme zu reden und daraus zu lernen.

Haben beide Eltern unsichere Bindungen zu ihren eigenen Eltern gehabt, sind ihre Familienverhältnisse sehr schwierig gewesen, wird es ihnen mit Sicherheit nicht leicht fallen, sich ihren Kindern gegenüber kooperativ und warmherzig zu zeigen. Es ist wahrscheinlich, daß sich die unsichere Bindung fortsetzt, wenn nicht beide Eltern – durch Therapie – etwas dagegen tun.

Eltern, die selber in stabilen Beziehungen aufwuchsen, können Konflikte in der Regel freundlich und kooperativ lösen und verhalten sich auch gegenüber ihren Kindern so.

Ist ein Elternteil in einer sicheren, der andere in einer unsicheren Beziehung zu den eigenen Eltern herangewachsen, bestehen trotzdem gute Chancen, durch eine positive Beziehung zum Partner auch dem Kind eine sichere Bindung und freundliches zuverlässiges Miteinander geben zu können. Es besteht ein eindeutiger Zusammenhang zwischen der Qualität der Ehe und der Qualität der Eltern-Kind-Beziehung.

Was können Paare tun, wenn sie sich Kinder wünschen, aber eine ungünstige Familiengeschichte haben? »Unsere Daten zeigen, daß einige Partner schmerzliche und sogar traumatische Kindheitserlebnisse überwinden konnten, indem sie eine liebevollere und befriedigendere Beziehung zum Partner herstellten...Vielen Frauen und Männern gelingt dies leichter mit Hilfe eines Psychologen oder Therapeuten.« (Cowan, S. 220)

Auch Daniel Stern betont, daß jeder dem Schicksal seiner eigenen Vergangenheit entgehen kann. »Je besser Sie Ihre eigene Beziehung zu Ihrer Mutter verstehen und damit zurechtkommen, desto unwahrscheinlicher ist es, daß Sie diese Muster gedankenlos wiederholen. Dennoch bedarf es einer erheblichen Fähigkeit zur Selbstreflexion und Einsicht, wenn Sie zu einem reifen und objektiven Verständnis dieser Beziehung gelangen wollen. Die Beziehung selbst braucht sich gar nicht so sehr zu verändern, vielmehr kommt es darauf an, daß Sie sie anders verstehen. Eine Frau, die in der Lage ist, die Geschichte der Beziehung zu ihrer Mutter offen und aus einem anderen Blickwinkel zu rekonstruieren, befreit sich dadurch weitgehend von ihrer Vergangenheit.« (Stern, S. 153 f.)

Bindungsmuster, die wir zu unseren eigenen Müttern haben, übertragen sich dann mit Sicherheit auf die nächste

Generation, wenn Eltern nicht bereit sind, sich bewußt damit auseinanderzusetzen, oder gar nicht merken, daß hier ein Zusammenhang besteht.

Immer jedoch lassen sich Konflikte mit Liebe und Humor entschärfen.

Außerdem haben sich einige einfache Regeln bewährt, die zu befolgen ich Paaren immer wieder empfehle:

1. Das Paar sucht sich Paten für das Kind und schafft sich ein zuverlässiges, stabiles Netz von Helfern, die sich bereit erklären, hin und wieder einzuspringen. Das müssen nicht immer Babysitterdienste sein. Vielleicht ist eine Freundin bereit, ab und zu ihr Ohr ans Telefon zu halten, um die Klagen der einsamen Mutter anzuhören. Oder sie kocht ein wunderbares Menü für das Paar, das schon wochenlang nicht mehr ausgehen konnte. Oder sie entführt die Mutter zu einem Kinobesuch, während der Papa das Baby hütet. Oder sie nimmt das satte Baby mit auf einen längeren Spaziergang, damit die Eltern sich mal wieder in Ruhe unterhalten können.

2. Der Vater nimmt sich gerade in den ersten Tagen und Wochen bewußt Zeit für sein Kind. Er trägt es herum, wickelt es, badet es, spielt mit ihm unter einer Wärmelampe und läßt es an seiner Schulter ruhen. Die Mutter enthält sich in diesen Phasen jeden negativen Kommentars, auch dann, wenn er etwas in ihren Augen »falsch« macht.

3. Die Eltern bemühen sich bewußt um Erhalt der Zweierbeziehung. Sie nehmen sich täglich Zeit füreinander, um Gedanken und Gefühle – nicht aber Vorwürfe – auszutauschen. Sie erkennen an, daß sie beide in einer ganz besonderen Situation leben und Zeit brauchen, sich an ihre neuen Rollen zu gewöhnen.

Sie pflegen es ganz bewußt, sich ihre Wertschätzung gegenseitig durch Worte, kleine Gesten und Liebesdienste mitzuteilen.

Viel zu früh – Frühchen und die Komplikationen der Bindung

Was für Enttäuschungen, verwirrte Gefühle und Qualen Eltern und ihre zu früh geborenen Kinder durchleiden, kann sich wohl niemand richtig vorstellen, der es nicht erlebt hat. Weil meine vier Kinder eher zu spät als zu früh auf die Welt kamen, hatte ich diesem Thema bisher wenig Beachtung geschenkt. Dann lernte ich Sabine Koopmann kennen, Hebamme und Stillbeauftragte im Bund deutscher Hebammen. Sie erzählte mir von dem Kampf der Hebammen für sanfte Geburt und natürliche Ernährung und von den Erfolgen, die inzwischen in vielen Krankenhäusern bei der Behandlung von Frühgeborenen erzielt wurden. Wie schrecklich die Qualen von Eltern und Babys waren und zum Teil noch sind, kann man nachvollziehen, wenn man Rinnhofers Buch *Hoffnung für eine Handvoll Leben* liest, in dem Eltern von Frühgeborenen ihre Erfahrungen festgehalten haben. Tief berührt und betroffen mußte ich lesen, daß diese Kinder sogar oft ohne Betäubung operiert wurden und jeder Eingriff mit unglaublichen Schmerzen verbunden ist.

Wenn ein Kind zu früh auf die Welt kommt, werden in der Regel Mutter und Kind sofort getrennt. Babys unter 500 g gelten normalerweise als »Abortus« und sterben bald nach der Entbindung, oft ohne beerdigt zu werden. Für die Eltern muß so eine Geburt ein unvorstellbar schreckliches Erlebnis sein. Sie werden in der Regel völlig alleingelassen, und Mütter fühlen sich oft noch schuldig und schlecht, weil sie kein »ordentliches« Kind geboren haben. Frühgeborene sehen auch ganz anders aus als normal Geborene, und viele Mütter erschrecken zutiefst, wenn sie ihr Kind zum ersten Mal anschauen. Während normale Neugeborene den Blickkontakt zur Mutter suchen und in ihren Augen die Gefühle, die es auslöst, wahrnehmen, schauen Frühchen oft weg, weil sie die vielen Reize schwer ertragen. Das verunsichert wiederum die Mutter, und es fällt ihr schwer, eine Beziehung zum Kind aufzubauen.

Während vor fünfzehn Jahren noch fast alle Kinder unter 1000 Gramm wegen »Chancenlosigkeit« nicht beatmet wurden, überleben heute rund 80 Prozent dieser Frühchen, manchmal jedoch mit bleibenden Schäden.

Waltraud, Mutter einer inzwischen erwachsenen Tochter, erzählt:

»Meine Tochter kam mit 1000 Gramm zu früh auf die Welt. Sie wurde mir sofort weggenommen, ich durfte sie nicht einmal besuchen. Als ich sie nach Monaten mit nach Hause bekam, bin ich fast durchgedreht. Das Kind trank nur winzige Mengen und wurde ständig krank. Sie hatte Hautkrankheiten, Lungenentzündung und fing jeden Infekt auf, der in der Luft lag. Tags und nachts mußte ich sie zuerst stündlich füttern. Ständig hatte ich Angst, sie könnte sterben. Das ging zweieinhalb Jahre so. Erst dann war sie ›über den Berg‹ und entwickelte sich normal. Ich habe nie begriffen, warum wir eine so distanzierte Beziehung zueinander haben. Jetzt wird es mir allmählich klar. In den ersten Wochen und Monaten konnten wir keine Bindung zueinander herstellen. Und es gab niemanden, der mir geholfen hat.«

Kinder mit einem Geburtsgewicht von 1500 Gramm und mehr haben sehr gute Überlebenschancen, aber jede Frühgeburt ist mit erheblichen Risiken verbunden.

Es kommt inzwischen sogar vor, daß Kinder mit 450 Gramm überleben. Was für eine entsetzlich schwierige Entscheidung, zu beurteilen, welche lebensrettenden Maßnahmen sinnvoll und welche als zu qualvoll eingeschätzt werden! Die Gefahr einer Infektion, von Gehirnblutungen und Atemstillstand versetzt Eltern in Angst und Schrecken, und wenn sie nicht das Glück haben, auf einfühlsames, freundliches und kompetentes Klinik-Personal zu treffen, werden die ersten Monate zum absoluten Alptraum.

Künstliche Beatmung und Ernährung verhindern in vielen Fällen, daß die Eltern überhaupt Kontakt zu ihrem Kind aufnehmen dürfen, und so bleibt vielen nichts anderes übrig, als vor dem Inkubator zu beten. Es muß wohl nicht betont werden, daß Bindung in dieser Situation schwer gelingen kann. Nicht nur die Eltern, auch das Baby macht traumatische Erfahrungen dadurch, daß jede Berührung künftig mit Schmerzen assoziiert wird, die es durch reflexartige Bewegungen zu verhindern sucht.

Inzwischen – und das ist vor allem dem Einsatz einfühlsamer Frauen, allen voran die Wiener Ärztin Dr. Marina Marcovich zu verdanken – wird an einigen Kinderkliniken versucht, die Errungenschaften moderner Medizin mit menschenfreundlichem Handeln zu verbinden. Mit der »sanften Neonatologie« wird versucht, Eltern größtmöglichen Kontakt zum Kind zu erlauben und gleichzeitig hierdurch die Sterberate der Frühchen zu verringern. Dr. Marina Marcovich schreibt hierzu, daß sie zu der Überzeugung gelangt sei, »daß diese kleinen uns anvertrauten Wesen nicht nur ausgefeilter technischer und pharmakologisch-therapeutischer Schemata bedürfen, sondern daß wir ihnen auch ein hohes Maß an menschlicher Zuwendung und schonender Rücksichtnahme schulden.« (Rinnhofer, S. 176) Deshalb wurde von ihr der Versuch unternommen, »einerseits alle aggressiven und invasiven medizinischen Maßnahmen wie Intubation, maschinelle Beatmung, zentrale Gefäßzugänge, hochkalorische intravenöse Ernährung und schließlich auch sämtliche Kontrollmaßnahmen, die mit Schmerzen oder Streß verbunden waren, bis auf das unbedingt notwendige Minimum einzuschränken, und andererseits den Kindern genaueste klinische Beobachtung verbunden mit maximaler menschlicher Zuwendung zukommen zu lassen.« Die Frühchen auf ihrer Station wurden möglichst nicht künstlich beatmet, mit Muttermilch gefüttert und außerdem sanft massiert. Auch hierbei orientierte man sich an der Natur: Katzenbabys sterben umgehend, wenn sie nicht geleckt werden! Das Leitmotiv dieser Behandlung war, den Kindern soweit irgend möglich eine natürliche, Geborgenheit vermittelnde Atmosphäre herzustellen. Kann es uns verwundern, daß durch diese seelische Entspannung sich auch der Gesundheitszustand verbesserte?

Eine Mutter, deren Baby in der 26. Schwangerschaftswoche mit 950 Gramm durch Kaiserschnitt ins Leben geholt werden mußte, beschreibt die erste Begegnung mit ihrem fünf Tage alten Sohn so:

»Als nun endlich der tagelang ersehnte Zeitpunkt da war und ich unser Kind zum ersten Mal sah, hatte ich überhaupt nicht das Gefühl, daß das kleine Wesen, das in einem Fell vergraben im Brutkasten lag, unser Baby ist. Ich war zweifellos geschockt und konnte kaum etwas sagen.« (Rinnhofer, S. 89)

Erst als ihr die Krankenschwester das winzige Wesen auf die nackte Brust legte, änderten sich die Gefühle schlagartig: »Ich spürte mein Baby, spürte, daß es sich auf meiner nackten Haut bewegte und sofort eifrig nach der Brust zu suchen begann. Es versuchte, sein Köpfchen zu drehen, öffnete sein Mündchen und bemühte sich wie ein kleines Säugetier, irgendwo Milch, Essen zu finden. Mit dieser Berührung war jede vorherige Empfindung ausgelöscht. Ich fühlte nur noch mein Kleines, seine warme, zarte Haut auf meiner, den weichen Flaum auf seinem Köpfchen. Ich konnte nicht genug von diesem wunderbaren Gefühl bekommen, es zu liebkosen, mit ihm sprechen zu können. Endlich durfte ich es meine ganze Liebe fühlen lassen, ihm wenigstens für kurze Zeit ein bißchen von der Geborgenheit zurückgeben, aus der es so jäh gerissen worden war.« (Rinnhofer, S. 90)

Heidi Rinnhofer schreibt weiter:

»Heute weiß ich, wie wichtig und entscheidend dieses ›Auf die Brust legen‹ für Ingo, mich selbst und den Aufbau einer ungestörten, natürlichen und starken Mutter-Kind-Beziehung war. Ohne die Wichtigkeit auch nur im geringsten zu übertreiben, kann ich sagen, daß sich wirklich ab dieser Sekunde meine gesamte Gefühlswelt, mein Fühlen und Denken auf Muttersein und die Akzeptanz dieses speziellen Kindes einstellte. Mit diesem ersten ›Hautkontakt‹ hatte ich ihn sozusagen ›angenommen‹. Dieses Wort, das vielleicht eher wie aus einer Tierverhaltensforschungssendung klingt, beschreibt aber noch am besten, was geschehen war.« (Rinnhofer, S. 91)

Eltern von Frühgeborenen müssen das Loslassen zwangsläufig erdulden. Gibt man dem Baby jedoch einen Kopfhörer, über den es die Stimme seiner Mutter hört, gedeiht es besser und schläft ruhiger. Auch die Mutter fühlt sich entspannter, denn indem sie etwas für ihr Kind tun kann, weicht das Gefühl der Angst und Ohnmacht.

Elterngruppen für Frühgeborene, die es inzwischen auch an vielen Entbindungskliniken gibt, können helfen, die eigenen verwirrten und enttäuschten Gefühle besser zu verstehen, sich gegenseitig zu unterstützen und wichtige Informationen zu erhalten.*

Faszinierend und anrührend finde ich, daß Menschsein eine so große Flexibilität ermöglicht, daß Überleben auch in Extremsituationen gewährleistet zu sein scheint. Bindungen können auch nach anfänglichen schwierigen oder sogar traumatischen Erlebnissen immer wieder hergestellt werden.

Es ist so, als ob wir Menschen immer wieder neue Chancen erhalten, unser Menschsein zu verwirklichen.

Schreibabys – zu Tode schütteln?

Immer wieder ist in Zeitungen von zu Tode geschüttelten Babys zu lesen. Im März 2000 waren es allein in Lübeck drei Kinder, die auf diese Weise gestorben sind. Mit einer hohen

---

* Adressen von Elterngruppen von Frühgeborenen sind erhältlich bei der Vorsitzenden des Bundesverbandes »Das frühgeborene Kind« e. V., Dr. Eva Vonderlin, Von-der-Tann-Str. 7, D-69126 Heidelberg.

Dunkelziffer ist zu rechnen, denn äußerlich sieht man den Kindern die Todesursache nicht an. Überforderung und Verzweiflung der Eltern ist nach Ansicht von Dr. Klaus Kruse, Chef der Universitätskinderklinik in Lübeck, die Ursache dieser Baby-Tragödien. Wenn Babys lange genug schreien, liegen bei den Eltern die Nerven blank. Hinzu kommt, daß sie sich auf doppelte Weise enttäuscht fühlen. Das Schreien suggeriert, ihr Kind sei mit ihnen nicht zufrieden und sie seien als Eltern nicht geeignet oder kompetent genug. Diese Erfahrung ist für alle Eltern schwer zu ertragen – und natürlich auch nicht »wahr«.

Wenn ein Kind, das gestillt und satt ist, getragen wird und eine trockene Windel hat und trotzdem schreit, muß man als erstes medizinische Probleme ausschließen. Ein Kinderarzt kann feststellen, ob das Baby eine Kolik, Mittelohrentzündung oder ein anderes gesundheitliches Problem hat. Erwiesen ist, daß Babys zum Beispiel auch auf das Wetter reagieren und zum Beispiel bei Föhn und allmählichen Wetteränderungen besonders schlecht schlafen. Auch nimmt das Geschrei eines Babys dann kontinuierlich zu, wenn seine Bedürfnisse nach Nähe, Wärme, Unterhaltung und Nahrung nicht zuverlässig befriedigt werden. Je schneller ein Baby auf den Arm genommen, gestillt und getragen wird, desto weniger schreit es.

Zu denken geben sollte uns, daß Babys von Naturvölkern so gut wie nie schreien. Wir können das bei Jean Liedloff und Wulf Schiefenhövel nachlesen. Dagegen weinen in unserem Kulturkreis 15 Prozent aller Babys bis zu drei Stunden täglich, Schreibabys noch viel mehr.

Auch zu große Stille kann ein Kind verunsichern. Im Bauch ging es keineswegs ruhig zu. Das Baby hat alle Geräusche gedämpft gehört, den Herzschlag der Mutter und Darmgeräusche sogar recht laut. Lärm schadet einem Kind. Stimmen, Lachen und die normalen »Familiengeräusche« können es jedoch durchaus beruhigen.

Eine weitere, viel zu wenig berücksichtigte Ursache für

das Geschrei kann das sogenannte Kiss-Syndrom sein. Besonders Kinder, die durch aggressive Geburtshilfe ans Licht der Welt kamen, aber auch normal Geborene können an dieser Verspannung der Nackenmuskulatur im Bereich der oberen Wirbelsäule leiden. Kinderärzte erkennen dieses Syndrom meist nicht. Chiropraktiker dagegen können mit wenigen sanften Bewegungen die Verspannungen lösen, und viele Eltern erleben ihr Schrei-Baby »wie ausgewechselt« (vgl. Biedermann).

Auch »Handaufleger« haben Schreibabys schon geholfen, wenn Ärzte nur noch raten konnten: »Nach drei Monaten ist es vorbei.«

Niemals will ein Säugling seine Eltern mit dem Geschrei ärgern oder terrorisieren! Umgekehrt ist auch kein Vater oder Mutter darauf aus, das eigene Kind zu töten. In höchster Verzweiflung und nervlichem Dauerstreß reagieren sie viel zu stark, nehmen das Kind auf und schütteln es. Weil die Halsmuskulatur noch nicht genügend gefestigt ist, kann der Kopf die Bewegungen nicht auffangen. Dadurch reißen Venen und andere Verbindungen zum Gehirn einfach durch.

In einigen Städten ist man der Forderung des Kinderschutzbundes und anderer Organisationen nachgekommen und hat »Klappen« eingerichtet, durch die Eltern ihre Babys anonym abgeben können, wenn sie nicht mehr weiterwissen.

In Lübeck, Kiel und anderswo scheiterten Vorschläge nach einer rund um die Uhr besetzten »Schreiambulanz« schlicht an Geldmangel. Ich denke, dies wirft ein bezeichnendes Licht auf den Zustand mitmenschlicher Beziehungen und vorhandener Werte in unserem Land.

Schreibabys sind zutiefst verunsicherte Kinder von zutiefst verunsicherten Eltern. In einem Gestrüpp von Ratschlägen, bösen Blicken, zornigen Nachbarn, Projektionen, Konsumansprüchen und manipulierten Illusionen finden sie sich nicht mehr zurecht. Kinder schreien trotz Windel X, die in der Werbung mit einem zufriedenen Baby demonstriert wurde, trotz Tee Y, der angeblich alle Kinder glücklich macht, und trotz hochwertigem, modischem Strampler. Kinder hindern ihre Eltern scheinbar an dem propagierten Leben, an Konsum, Lust, Leichtigkeit und ewiger Freude.

Es gibt keine Schule, die uns lehrt, Verantwortung zu übernehmen, Hingabe zu üben, Leben zu achten und Verzicht zu üben. Es gibt keine Lehrer, die uns zeigen, daß Haben nicht Sein ist, daß wir gerade jetzt alle Wünsche und Vorstellungen, Ansprüche und Begierden aufgeben müssen. Es gibt niemanden, der uns beibringt, daß nach solchen »Durststrecken« tatsächlich Freude zurückkehrt, eine Freude, die von innen herausströmt und nicht von außen aufgesetzt wird.

Wenn ein Baby so schreit, daß wir außer uns geraten, brauchen wir eine Pause. Loslassen!

Wir müssen Zeit haben, innezuhalten, still zu werden, um Wut, Trauer und Verzweiflung herauszuschreien oder hemmungslos zu weinen.

Einem Baby kann es immer nur so gut gehen, wie es der Mutter gut geht. Deshalb müssen wir uns in solch einer Situation auch von unseren Idealbildern verabschieden, sie loslassen. Stillen, Tragen, rund um die Uhr da sein: das alles ist wichtig. Aber es gibt eine Grenze, die jede Mutter in sich selber erspüren muß. Es ist die Grenze zum Selbst, die Grenze zum Du. Bis hierher und nicht weiter, heißt es dann zwangsläufig.

Was können Eltern von häufig schreienden Babys ganz konkret tun, nachdem medizinische Probleme ausgeschlossen sind?

1. Sich mit dem Partner abwechseln und nicht den Anspruch haben, gemeinsam für das Kind da sein zu müssen.

2. Wenn die Mutter allein ist: Das Kind an einem sicheren Ort ablegen und zum Telefon greifen. Hebammen, Freunde, Bekannte, Eltern anrufen und Hilfe anfordern. Bitte schämen Sie sich nicht, Probleme zu haben! Es gibt immer wie-

der Kinder, die einen – aus welchen Gründen auch immer – an die Grenzen der Belastbarkeit bringen. Jede Mutter braucht auch mal eine Pause und darf entspannen!

3. Über dem Wickeltisch eine Wärmelampe installieren und das Kind oft nackt strampeln lassen.

4. Das Baby häufig in warmem Wasser baden und anschließend sanft massieren.

5. Sich vom Kinderarzt oder von der Hebamme Tragegriffe zeigen lassen, die ein Baby mit Verdauungsproblemen entlasten, indem man es sich auf den Unterarm legt und den Kopf, Gesicht nach unten, mit der Hand stützt.

6. Sich das satte, trockene Baby zum Schlafen häufig nackt auf die nackte Brust legen. Es gibt keine bessere »Beruhigungsmatratze« als den Körper von Vater oder Mutter.

7. Das Baby tragen oder tragen lassen und dabei singen – ruhige, langgezogene tiefe Töne.

Schreibabys sind eine große Herausforderung. Eltern können daran wachsen oder zerbrechen. Nach drei Monaten ist diese Krise meistens überstanden. Nach drei Jahren erinnern Sie sich kaum noch daran.

Die Versammlung der Feen

13 sind es.

13 waren es immer, damals, als Du selbst noch klein warst und selbstverständlich davon geträumt hast, Dornröschen zu sein.

Die Dreizehnte hat das Kind verwünscht.

Auch Dein Kind? Dieses Kind, das jetzt gerade vor Dir quengelt, jammert, schreit ... jede, aber auch wirklich jede Handlung von Dir begleitet.

Nicht einmal auf die Toilette kannst Du gehen – allein.

Du liebst dieses Kind unendlich und möchtest es an Dich pressen, und zugleich ein wenig schütteln, ihm weh tun, wie es Dir manchmal weh tut.

Da ist sie wieder. Die Dreizehnte, die Fee im schwarzen Gewand.

Schick sie weg.

Dreh ihr den Rücken zu.

Du willst manchmal laut sein und schreien.

Singe.

Sing der schwarzen Fee ein Lied.

Hell und ohne Ende.

Bis sie wieder verschwindet, denn sie kann selbst nicht singen, und Lieder kann sie nicht ertragen.

Lieder erschrecken sie.

Du willst Deine Augenbrauen im Zorn zusammenziehen. Du hast eine tiefe große Falte auf der Nasenwurzel.

Sieh die schwarze Fee einfach nicht an. Ignoriere sie.

Sie kommt zu Dir, in Dein Haus, immer wieder, mit einer anderen Maske. Doch Du erkennst sie, denn sie macht heftige, ruckartige Bewegungen und lächelt niemals. Nimm ihr sanft und langsam den Zauberstab aus der Hand und lächle sie an.

Dein Kind verspritzt Kirschsaft auf den Treppenstufen.

Du bist müde.

Du weinst, Nerven hast Du keine mehr; die schwarze Fee hat ihr Kinn stolz erhoben, die Hand mit den langen spitzen Fingernägeln.

Tanze.

Tanze im Kreis.

Die Dreizehnte stampft auf. Sie trägt Stiefel mit Nägeln an den Sohlen.

Zieh die Schuhe aus. Kein Geräusch gemacht, tanze lautlos.

Dein Kind sieht Deine Tränen nicht, nicht Deine Ermüdung.

Du bist immer perfekt, immer wach, immer lächelnd.

Du hast kein Bedürfnis, nur Pflicht und Selbstbeherrschung.

Du packst das Kind heftig am Arm.

Die schwarze Fee ist wie im Taumel.

Jetzt bist Du barfuß.

Du kniest und legst Deinen Scheitel auf die Erde.

Dabei spürst Du Energie, Blut, Kraft, ein Zittern, wie das Zittern von Engelsflügeln.

Du reißt das Kind an Dich, drückst es; wie von selbst ist es plötzlich sanft, lacht, kichert.

Du liegst am Boden, Du hast alle Glieder ausgebreitet, und sie nehmen die Kraft der Erde auf.

Langsam richtest Du Dich wieder auf. Dein Kind ist still, sieht Dich lange an, streichelt Dein Haar, als wollte es Dich trösten, und schlummert dann leise ein.

Du stehst aufrecht, über Dir der Himmel, blau, geöffnet.

Dein Scheitel, gerade noch am Boden, wächst in diesen Himmel.

Neben Dir ein Toben, Kreischen.

Kurz nur, dann Stille.

Die Schwarze ist zusammengebrochen. Ihre Nagelsohlen haben sich in den Boden gestampft. Zu sehen ist nur noch ein dunkles Loch in der Erde.

Sie ist verschwunden.

Für dieses Mal.

Ob sie wiederkommt, weißt Du nicht.

Doch jetzt, jetzt in diesem Augenblick ist sie verschwunden.
Dein Kind atmet tief und ruhig.

Wenn alles ganz anders ist

»Leben ist, was passiert, während du etwas anderes planst«, heißt es auf meinem Sprüchekalender. Für das Leben mit Kindern trifft dies in hohem Maße zu. Wie oft kommt es anders, als wir erwartet, erhofft oder gewünscht haben!

Allein der Prozeß der Geburt ist voller Überraschungen und unvorhersehbarer Ereignisse. So kann es geschehen, daß unser Kind krank oder behindert geboren wird. Blitzschnell müssen wir dann unsere Erwartungen loslassen, uns auf die neue Situation einstellen, umdenken, neue Pläne schmieden und diese wieder verwerfen.

Kürzlich erzählte mir eine Mutter, deren Ehemann an Hodenkrebs behandelt worden war, ihr sei gesagt worden, sie könne nicht schwanger werden. »Den Kinderwunsch können Sie sich aus dem Kopf schlagen!« hieß es lapidar.

Sie war dazu in der Lage, fand sich damit ab – und wurde schwanger. Kaum war das Kind per Ultraschall auf dem Bildschirm zu sehen, sagte man ihr voraus: »Es wird behindert sein.« Ihr wurde zum Abbruch der Schwangerschaft geraten, denn wer will sich schon mit einem behinderten Kind abmühen? Gemeinsam mit ihrem Mann beschloß sie, das Kind auszutragen – und gebar ein gesundes, fröhliches und intelligentes Baby.

Diese wahre Geschichte macht deutlich, was meine Großmutter als »Der Mensch denkt, Gott lenkt« bezeichnete: Niemals können wir »alles im Griff« haben, sondern müssen lernen, eine demütige Haltung einzunehmen.

Bindungen entstehen unter natürlichen Bedingungen ganz von selbst. Die Möglichkeit hierzu hat jeder Mensch in seiner »Grundausstattung« erhalten.

Wenn Komplikationen wie Krankheit, Krieg, Gewalt oder andere traumatische Erlebnisse Bindung zunächst verhindern oder unmöglich machen, kann sie später in einem therapeutischen Prozeß nachgeholt werden.

Der Prozeß des Bindens und Loslassens besteht lebenslang und kann lebenslang gefördert, hergestellt und geheilt werden.

Wenn ich im ersten Teil dieses Buches so viel Wert auf das Herstellen einer natürlichen Bindung gelegt habe, dann nur deshalb, weil diese Form die einfachste ist. Und wenn wir es einfach haben können – warum sollen wir es uns dann schwer machen? (Und wenn wir es billiger haben können, wie Marina Marcovich bewies, warum sollen wir es dann unnötig teuer erkaufen?)

Manchmal sind es aber auch ganz andere und weniger dramatische Probleme, die Bindung erschweren. So kann ein ausgeprägter, nicht vorhergesehener Charakter eines Babys mit Eltern zusammentreffen, die dazu nicht zu passen scheinen. Das ist zum Beispiel dann der Fall, wenn ruhige Eltern ein extrem unruhiges Baby haben, oder umgekehrt Eltern, die gern mit ihrem Kind spielen und etwas erleben wollen, eines, das immerfort schläft und wenig Reaktionen zeigt. Solchen Eltern kann es helfen, neue Erfahrungen zu sammeln, indem sie sich über die Unterschiedlichkeit Neugeborener informieren und sich selber zutrauen, ihr Kind mit seinen Eigenheiten zu entdecken und anzunehmen.

Eltern von Pflegekindern oder von Adoptierten können – auch wenn das Kind schon mehrere Jahre alt ist – eine stabile Bindung zu ihm aufbauen. Diese Bindung entsteht im Prozeß des Miteinanders. »Mein Sohn war so ausgehungert und schwach, daß ich ihn einfach lieben mußte«, erzählt mir eine Mutter, die zwei Kinder adoptiert hat. »Wir mußten ihn rund um die Uhr mit dem Fläschchen füttern, und er trank immer nur ein paar Milliliter. Durch das intensive Mitgefühl mit seinem Schicksal kam die Bindung zustande.« Mit der Adoptivtochter war es ganz anders. Dieses Kind strahlte sehr viel Charme aus und war als Baby sehr zufrieden. »Weil ich so viel Zeit allein mit ihr verbringen mußte, kam die Bindung eher durch intensive Beschäftigung, Anschauen und Staunen zustande.«

Karl Heinz Brisch zeigt uns in seinem Buch, wie er als Therapeut zu Kindern, Jugendlichen und Erwachsenen, ja sogar alten Menschen in einem mehrere Jahre dauernden therapeutischen Prozeß Bindung herstellt und diesen Menschen dadurch gleichzeitig das Loslassen nicht nützlicher Verhaltensmuster bewirkt. So ist Heilung immer wieder im Leben möglich.

Eltern von »Problemkindern« erleben die quälende Ungewißheit über das zukünftige Schicksal meistens als besonders schlimm. Wird ein Baby mit einem Handicap geboren oder erkrankt im Säuglingsalter, kann in der Regel niemand genau sagen, wie die weitere Entwicklung verlaufen wird. Eltern werden immer wieder zwischen Hoffnung und Resignation hin- und hergerissen sein. »Die Geburt eines erheblich entwicklungsverzögerten oder behinderten Babys ist ein Trauma, das die Zeit regelrecht anhält, und wenn die Zeit für Sie stillsteht, endet auch Ihre Fähigkeit, sich etwas anderes als die Gegenwart vorzustellen. Ihre Zukunft ist plötzlich nicht mehr vorhersagbar und emotional unvorstellbar.« (Stern, S. 195)

Aufgrund dieser emotionalen Strudel und der Abgründe, die sich für viele Eltern zunächst auftun, kann sichere Bindung erheblich erschwert werden. »Viele Mütter sind unsicher, ob sie ein so unvollkommenes Baby lieben können, das sie in ein solches Chaos gestürzt hat. Viele fragen sich sogar, ob sie wirklich wollen, daß es überlebt.« (Stern, S. 207)

Auch wird die Beziehung der Eltern, die durch jede Geburt erheblich belastet wird, durch die Geburt eines behinderten oder kranken Kindes auf eine neue Probe gestellt. Manche Mütter halten es im stillen für ihr persönliches Versagen, eine Frühgeburt oder ein krankes Baby geboren zu haben. Und es gibt Väter, die ein behindertes Kind als narzißtische Kränkung erfahren. Umgekehrt ist ein solches Kind für jede Familie auch eine große Chance, Neues über das Leben zu lernen, die Herausforderung anzunehmen und daran zu wachsen. Manche Familien halten nun in einer Weise zusammen, die sie vorher nicht für möglich gehalten hätten. So werden Bindungen geschaffen, die vorher nicht abzusehen waren. Ich kenne mehrere Mütter, die durch ihr behindertes Kind eine Bereicherung ihres Lebens erfahren haben und völlig neue Einsichten gewannen. So groß die erste Verunsicherung auch ist – häufig offenbart sich später ein tiefer Sinn und eine großartige Gelegenheit, an Reife zu gewinnen.

Manchmal hilft es Eltern auch, sich mit einem Ritual von dem Wunschkind ihrer Vorstellung zu verabschieden, damit sie sich dem so ganz anderen Kind, das sie bekommen haben, neu zuwenden können. Gertraud Finger beschreibt in ihrem sehr empfehlenswerten Buch, wie Eltern ihrem behinderten Kind einen neuen Namen geben, um sein Dasein und Sosein zu akzeptieren. »Wenn das Kind, das die Eltern bekommen haben, so ganz anders ist als das Kind, das sie sich gewünscht haben, ist dies zunächst eine große Enttäuschung. Das Wunschkind versperrt dann den Zugang zu ihrem tatsächlichen Kind. Erst, wenn sie sich von dem Kind ihrer Träume verabschiedet haben, können sie sich auf das Kind einstellen, das sie vor sich haben.« (Finger, S. 66)

Daniel Stern rät allen Eltern, sich professionelle Hilfe zu holen, um die extreme Streßsituation besser zu bewältigen und eine sichere Bindung zum Kind herstellen zu helfen. Selbsthilfegruppen und Erfahrungsaustausch mit anderen Eltern sind zusätzlich eine gute Grundlage für das Meistern der Situation. »Die eigenen Erfahrungen zu erkunden, über sie zu sprechen und sich mit anderen auszutauschen, ist eine grundlegende Voraussetzung dafür, daß man seine Phantasien, seine Ängste und seine unerfüllten Hoffnungen erkennt und seinen Erfahrungen eine Form verleiht. Hat man sie erst einmal in Worte gefaßt, ist es leichter, sie zu analysieren und den nächsten Schritt ins Leben zu tun. Der gegenseitige Austausch durchbricht auch die wirkliche oder vermeintliche Isolation, die viele Eltern empfinden.« (Stern, S. 212)

Wenn Mütter ihr Neugeborenes oder älteres Baby abgeben müssen, weil sie oder das Kind schwer erkrankt sind, zerreißt die äußere Bindung auf schmerzlichste Weise. Über Gedanken, Gefühle, Visionen und Gebete können wir jedoch das Band zu unserem Kind aufrechterhalten. Vielleicht kann uns auch der Gedanke trösten, daß jedes Schicksal selbst gewählt ist. Ganz sicher können wir uns und dem Baby helfen, wenn wir ihm Liebe, gute Wünsche, intensive Gedanken, Engel und schützendes Licht schicken.

Wenn wir unser geliebtes Kind verlieren, weil es stirbt – ganz gleich ob noch im Mutterleib oder nach der Geburt –, ist Trauern und Loslassen der sinnvolle Schritt. Eine Verabschiedung von dem Toten, eine Beerdigung und ein Ritual, das uns hilft, die liebevolle Erinnerung zu bewahren, sind unbedingt notwendig.

Manchen Müttern hat es geholfen, diesem Kind Briefe zu schreiben, ein Trauer-Tagebuch zu führen oder im Geiste mit ihm zu reden. Auch hilft es, in der eigenen Wohnung einen Ort zu schaffen, an dem die Trauer sein darf und durch Fotos, Blumen oder andere Symbole sichtbar wird. Ich bin davon überzeugt, das Bindung auch über den Tod hinaus besteht und daß uns der Mensch, der uns verlassen hat, wieder begegnen wird.

engel am fluß

noch sind weiß die wege
und versperrt
wie einsam und groß
rinnen die eiswasser
den spielenden kindern zu füßen
lächelnd zwei gestalten
hell und plötzlich
da
augen wie schnee
begleiten sie Dich unvermutet
über die brücke
drunten die tauben
entengeturtel
flatternd alles
schwäne
mit flügeln alles
sie sprechen von all dem wesentlichen in Deinem Leben
silbern
innen
und heiter schließlich
wandern sie
gelassen
blaß
den berg hinan

Die Welt ist Faszination: Erste Spiele und Begreifen im zweiten Vierteljahr

Von der Hand in den Mund – Greifen und Begreifen

In seinem vierten Lebensmonat fängt das Baby irgendwann an, sich für seine Hände und Füße zu interessieren. Unvergeßlich ist der Augenblick, in dem das Kind seine Hand fasziniert betrachtet und entdeckt, daß es diese bewußt zum Mund führen kann, um sie näher zu erforschen und sich Lust zu verschaffen. Das gleiche geschieht mit dem Fuß und auch mit Tüchern oder Greiflingen, die wir ihm zur Verfügung stellen. Zum ersten Mal ist das kleine Wesen jetzt in der Lage, sich selbst für kurze Zeit zu beschäftigen, ist bereit, sich für einige Zeit aus der Bindung zu lösen. Einer der bedeutsamsten Entwicklungsschritte dieser Altersphase ereignet sich, wenn es unserem Baby gelingt, seine Hände vor dem Körper zusammenzubringen, so daß sie sich berühren. Die sensorische Integration, deren Gelingen von entscheidender Bedeutung ist, vollzieht sich schrittweise, und in einigen Wochen können wir beobachten, daß das Kind, in jeder Hand ein Spielzeug, diese aneinanderschlagen kann. Über diese neuerworbene Fähigkeit zeigt es sich freudig erregt.

Mit ungefähr sechs Monaten kann das Baby zusätzlich die Handgelenke drehen und damit die Gegenstände, die wir ihm zum Spielen geben, besser handhaben.

Zum ersten Mal beginnt das Kind jetzt, Dinge zu tun, die es vorher planen kann. Die Bedeutung des Gebrauchs der Hand kann für die Entwicklung des Kindes nicht hoch genug eingeschätzt werden. Mit diesem wundervollen »Werkzeug« lernt der kleine Mensch begreifen. Damit ist jedoch nicht nur die Fähigkeit gemeint, Dinge in die Hand zu nehmen, die es sieht, sondern auch, Gegenstände festzuhalten und loszulassen, mit Gegenständen umzugehen und die Koordination von Auge und Hand immer präziser zu entfalten. Die Hand ermöglicht den Gebrauch von Werkzeugen und erfüllt außerdem eine Wahrnehmungsfunktion, indem sie Eigenschaften von Gegenständen wie Beschaffenheit, Konsistenz, Gewicht und Temperatur erfahren läßt und gleichzeitig Kontaktaufnahme ermöglicht. Durch Zeigen, Winken, Streicheln, Schubsen und Berühren wird die Hand im späteren Leben des Kindes immer mehr zu einem Mittel der Kommunikation und Kontaktaufnahme.

Von nun an werden kindliche, angeborene Neugier und Bindungsstreben miteinander ringen. Zum ersten Mal ist auch die Mutter gefordert, diese »Exploration« zu ermöglichen und das Baby – wenn auch noch für sehr kurze Zeit – loszulassen. Zukünftig werden sich diese Phasen immer mehr ausdehnen, und je sicherer das Kind sich gebunden fühlt, desto stärker wird sein Drang, die Welt zu entdecken, sich entfalten.

Was vor unseren Augen so selbstverständlich erscheint, ist in Wirklichkeit ein wunderbarer, komplizierter Prozeß: Der Säugling benötigt Berührungs- sowie Muskel- und Gelenkreize zusammen mit dem Sehen, damit er lernt, seine Hände in Übereinstimmung mit dem, was er sieht, zu gebrauchen. Das Baby muß in seinem Gehirn die Reize, die es sieht, mit denen, die es fühlt, koordinieren. Es beginnt, hierfür auch Daumen und Zeigefinger zu benutzen, und kann mit einer oder beiden Händen gezielt zupacken.

Körpererfahrung

War das Baby in den ersten Monaten ganz von der Schwerkraft angezogen, können wir jetzt einen deutlichen Entwicklungsschub feststellen. Unser Kind kann nicht nur den

Kopf heben, sondern beginnt, in der Bauchlage Kopf, Arme, Schultern und Beine gleichzeitig anzuheben. Diese sogenannte Bauchstreckhaltung ist ein notwendiger Schritt für die Ausbildung jener Muskeln, die das Drehen, Aufstehen und Gehen ermöglichen. Auch kann das Kind jetzt schon kurze Zeit allein sitzen, ohne sein Gleichgewicht zu verlieren.

Das Baden in angenehm warmem Wasser ist für viele Babys jetzt ein besonderes Vergnügen, und viele Schwimmbäder bieten Babyschwimmen an. Es macht dem kleinen Menschen Freude, durch gezielte Bewegungen seine Fähigkeiten zu erproben, und es liebt in diesem Alter besonders, geschaukelt, aufrecht gehalten und durch die Luft geschwungen zu werden.

Väter haben jetzt sehr viele Möglichkeiten, etwas mit dem Baby »zu machen«, und sie werden mit dem Schönsten belohnt, das Kinder zu geben haben: ihrem Lachen.

Bindung entsteht, indem wir uns regelmäßig und spielerisch mit dem Kind beschäftigen, es an unserem Leben beteiligen und all das mit ihm tun, was es mag. Je mehr wir auf diesem Gebiet an Zeit, Freude und Hingabe investieren, desto einfacher wird das Loslassen für uns beide; das Kind wird zunehmend fasziniert mit sich selbst und seinem Spielzeug beschäftigt sein, und wir selbst können uns für kurze Zeit beruhigt zurücklehnen und auf uns selbst besinnen. Spielen macht aber auch uns selbst Spaß. Es macht uns Vergnügen, die Wohllaute des Babys zu hören, seine Freude mitzuerleben und zu entdecken, daß wir für unser Kind der beste »Showmaster« der Welt sind.

»Der Mensch ist offenbar das verspielteste aller Tiere«, schreibt Katharina Zimmer, »und er bleibt es ein Leben lang.« (Zimmer 1987, S. 41)

Augen-Blick

Der Blick ist nicht da – von Anfang an.
Er beginnt mit dem Licht. Augen-Licht.
Mit deiner Geburt.
Alles andere ist vorher:
Das Ohr.
Die Haut.
Der Geschmack; schließlich schmeckt Fruchtwasser süß.
Deine Augen muß ich mir erst erobern.
Blau, sind sie meist im ersten Jahr . . .
Fern und desinteressiert in den ersten Wochen.
Verträumt, weit weg.
Allmählich kommen sie immer näher, Deine Augen.
Schließlich unterstützen sie Laute:
Ma-ma, Pa-Pa, Lau-Lau.
Sie verführen mich, Dir weniger oft in die Augen zu schauen.
Jetzt, in diesem Augenblick tue ich es. Ich suche eine Geschichte:
Unsere . . .
Deine . . .
Zuerst versuche ich Deinen Blick festzuhalten; das ist nicht leicht, denn Deine Augen wandern oder sie ziehen sich zurück wie Magnete, die in Dir den anderen Pol spüren . . .
Wenn Du lachst, werden Deine Augen zu kleinen speckigen Schlitzen . . . Du lachst viel in der Gegenwart Deines Vaters, seltener in meiner, das weiß ich . . . von mir hast Du wohl das Lächeln gelernt und von Deinem Vater das Lachen.
Mit den Augen spielen wir Verstecken und merken, wie schwierig es ist, nur ein Auge geschlossen zu halten.
Zwinkern, Blinzeln, die Augen verdrehen . . . wieder dieses Lächeln . . .
Guck-guck-da ist eines der ersten Abenteuer, die Du mit Deinen Augen erlebst:

Die Welt verschwindet – mitsamt Mama und Papa, dem Ku-
scheltier – einfach nur wenn Du die Lider schließt oder eine
Decke vor die Augen hältst.

Du bist schon so mächtig; das Licht in Deinen Augen gibt dir die
Macht, alles, was Du liebst – und was Du nicht liebst –, einfach
verschwinden zu lassen.

Weg – da!

Menschen, Pflanzen, selbst die kleinen roten Autos, die Du so
liebst, sein lassen oder wieder ganz in Dich aufzusaugen, um sie
anschließend wieder sofort zu vergessen ...

Seltsam, selbst der Trennungsschmerz hält nur so lange an, wie
ich, Deine Mutter, noch vor Deinen Augen bin ...

*Aus den Augen, aus dem Sinn – tatsächlich, Deine Augen sind Deine
Sinne, in diesem Augenblick ...*

Auf meinem Schoß, beim Trinken, siehst Du mich unverwandt
an – minutenlang, wie um mein Gesicht nie wieder loszulassen,
in Dich einzuprogrammieren ... einen weiteren Monat lang
wiederum betrachtest Du nur meine Lippen und ihre Bewegungen – und formst hinter Deiner Stirn die Sprache.

Wieder ein neuer Raum, den Du eroberst. Sehen, Verstehen,
Sprechen ...

Zwischen unseren Augen entsteht ein geheimes, schlingerndes
Band:

Wieder-Erkennen, ich bin Deine Mutter und Du bist mein
Kind ... woher soll ich es wissen?

Deine Augen sind jetzt bei der lilafarbenen Blume, die ihre Blüte einer Biene geöffnet hat ... es ist der erste Frühling, den Du
siehst!

Ich sehe vor meinem inneren Auge, wie sich das Band zwischen
uns immer weiter ausrollt, ohne jemals ganz zu zerreißen.

Ich erschrecke und bin zugleich ganz ruhig.

Du bist mein Kind, und ich bin Deine Mutter.

Kontaktaufnahme

Das erste Wort, das unser Kind in seinem zweiten Lebensjahr irgendwann sprechen wird, entsteht nicht einfach
durch Zufall. Es ist das Ergebnis einer langen Reihe von Vor-
erfahrungen, die wir im zweiten Vierteljahr ganz deutlich
beobachten können. Begonnen hat dieser Prozeß gleich
nach der Geburt, und natürlich haben auch schon Neugeborene ein kleines Repertoire von »Stimme« zur Verfügung.
Es soll sogar Mütter geben, die das Hungergeschrei von
Schmerz- oder Müdigkeitsgeschrei unterscheiden können.

Auch werden wir mehr oder weniger wohlig klingende
Quäktöne, Seufzer oder ähnliche Laute gehört haben. Jetzt
aber ist es ganz deutlich und unüberhörbar, auch unmißver-
ständlich: Unser Baby lallt vor sich hin, es erprobt zufrieden
seine Stimme, es hört sich selbst zu und freut sich riesig,
wenn wir ihm antworten. Bleibt dieses »Echo« auf Dauer
aus, wird das Kind irgendwann verstummen. Kinder von
Gehörlosen zum Beispiel lernen nur sprechen, wenn eine
andere, hörende Bezugsperson regelmäßig zu ihnen spricht.
Interessant und erleichternd ist, daß Eltern über angeborene
Fähigkeiten verfügen, die vorsprachliche Kommunikation
mit ihrem Baby zu fördern. Die ersten sprachlichen Dialoge
entwickeln sich im Blickkontakt, der – anders als bei Tieren –
bei Menschen eine ganz entscheidende Rolle spielt. Ohne
besondere Vorbildung heben Eltern normalerweise das
Kind, wenn sie mit ihm sprechen, vor ihr Gesichtsfeld, regen
Kopf und Blickbewegung durch melodische Rufe, rhythmische Schnalzlaute und Blickfolgespielchen an. Automatisch
verkürzen sie die Blickentfernung auf gute 20 cm, als wüßten sie um die eingeschränkte Sehfähigkeit des Neugeborenen. Diese »Ammensprache« wird übrigens auf der ganzen
Welt in gleicher Weise gesprochen.

Im zweiten Halbjahr nun kann das Baby seine Wünsche

mit Gesten und Lauten schon gezielt mitteilen; umgekehrt reagieren die Eltern in der Regel ganz gezielt auf die Interessen und Aktivitäten des Kindes. Rhythmische Kitzel- und Bewegungsspielchen schließen alle Sinnesmodalitäten ein und fördern die Sprachentwicklung auf ganz natürliche, spielerische Weise. »Das Erscheinen von Doppelsilben beim Kind löst im zweiten Halbjahr auf Seiten der Eltern ganz neue Strategien aus, nämlich die Neigung, aus dada, mama und gaga das erste kleine Babylexikon zu bilden. Zum Erlernen der ersten Wörter wird die Sprechmelodik auf neue Weise ausgenutzt, um auf dem Höhepunkt der Melodie das jeweils neue Wort hervorzuheben.« (Papousek, S. 490)

John Bowlby hat festgestellt, daß bereits zwei Monate alte Säuglinge, die in Heimen leben, weniger Laute von sich geben als Kinder in Familien. Entsprechend verzögert sich die gesamte Sprachentwicklung. Was Bowlby noch nicht wissen konnte: Wenn in Familien der Fernseher permanent läuft und die natürliche Kommunikation nur noch sehr eingeschränkt stattfindet, verzögert sich die Sprachentwicklung ebenfalls. Sprachentwicklungsverzögerungen treten heute sehr häufig auf. Sie werden von Erzieherinnen in Kindergärten beklagt und sind auf stundenlanges Fernsehen zurückzuführen.

Auch hier wird ganz deutlich: Bindung entsteht durch *direkte* Kommunikation, die Blickkontakt und Körpersprache mit einbezieht, nicht durch »Berieselung« durch Radio, Fernseher oder Kassette.

Das Baby gibt einen Ton von sich, und wir antworten ihm. Wir sprechen das Kleine an, und es antwortet uns. Freude breitet sich aus zwischen uns und dem Baby, denn wieder ist das Band zwischen uns ein Stück deutlicher, erfahrbarer geworden. Am allerschönsten ist das erste laute Lachen.

Ich erinnere mich genau an den Moment, als mein erster Sohn laut zu lachen anfing, an das ungeheure Glück, das von diesem Lachen ausging und sofort zur Wiederholung des »Späßchens« herausforderte. Es war ein Fingerspiel, verbunden mit einem Kitzeln, das bald zu unserem täglichen Ritual wurde.

Es gibt wohl kaum Menschen, die sich diesem ersten Lachen entziehen können. Es steckt eine unglaubliche Kraft darin, ein Erstaunen darüber, daß so winzige Menschen offenbar schon über eine Art Humor verfügen und übrigens mehr als doppelt soviel lachen wie Erwachsene.

Das kindliche Lachen ist für mich eine wunderbare, natürliche Grundausstattung, die genau wie das Weinen sein Überleben sichert. Mit seinem Lachen geht es auf Menschen zu, beglückt sie und beeinflußt so das Bindungsgeschehen aus eigenem Antrieb. Mit vier, fünf und sechs Monaten lacht das Baby nicht nur seine Eltern, sondern auch Geschwister und andere Babys, denen es begegnen darf, laut an, wenn sie mit ihm scherzen. Es macht noch keine großen Unterschiede zwischen sehr bekannten und weniger bekannten Menschen, obwohl es diese durchaus erkennt. Es sind uralte Spiele, Verse und Kniereiter, die unseren Kindern das laute glucksende Lachen entlocken, und überall auf der Welt werden Kinder auf ähnliche Weise gekitzelt, geschaukelt und in die Luft gehoben, damit wir jenes wunderbare Geräusch hören, das uns ansteckt und mit Freude überflutet. Anders als Weinen ist Lachen unabdingbar mit Gemeinsamkeit verbunden. Selten weinen wir in Gegenwart anderer, während wir zum Lachen die Gemeinschaft geradezu brauchen. Wer lacht schon leise vor sich hin? Weise Menschen tun das durchaus – aber jeder, wirklich fast jeder, wird vom Lachen anderer angesteckt, lacht mit, selbst wenn er den Witz nicht versteht. Bei Kindern genügen ganz kleine Anlässe, wie zum Beispiel der Klang eines Wortes, daß sie sich »ausschütten vor Lachen«, und je mehr kleine und große Menschen beisammen sind, desto mehr kann gelacht werden.

Ich glaube, daß Lachen noch stärker als Weinen Bindung herstellt und gleichzeitig Loslassen ermöglicht; tatsächlich ist nichts so ernst, als daß man nicht darüber lachen könnte. Kinder ermöglichen uns die Erfahrung, daß Freude ein zentraler Bestandteil unseres Lebens sein kann, daß wir zum Lachen geboren sind.

Erste Spiele

In einem angenehm warmen Schwimmbad beobachtete ich kürzlich eine Szene zwischen einer Mutter und ihrem ungefähr sechs Monate alten Sohn. Während er zufrieden auf einer weichen Decke lag und sie unverwandt anschaute, ließ sie ein Badehandtuch immer wieder über sein Gesicht gleiten. So wurde der Augenkontakt immer wieder für kurze Zeit unterbrochen und dann, durch das Abziehen des Tuches, wiederhergestellt. Beide genossen das Spiel lächelnd. Der Kleine strampelte freudig erregt.

Jede Mutter und viele Väter erfinden solche Spiele mit ihren Jüngsten. Die positive Rückmeldung des Kindes – sein Lachen und die Freude, die der ganze Körper ausstrahlt – regt zur Wiederholung an und sorgt immer wieder für Bindungen spezieller Art. Vaters Späßchen sind anders als Mutters, und Geschwister oder Großeltern können mit noch anderen Spielen aufwarten.

Die Zuverlässigkeit, die in der Wiederholung liegt, schenkt dem Kind, aber auch den Eltern Vertrauen und Zuversicht. Während das Baby fühlt, daß es geborgen und sicher mit Menschen ist, die es mögen, weil sie sich mit ihm beschäftigen und ihm gut tun, erleben die Eltern, Geschwister oder Großeltern ihre Kompetenz im Umgang mit dem Baby. Sie können es zum Lachen bringen, also werden sie geliebt, also gefällt dem Baby sein Leben, also machen sie vieles »richtig«. Indem das Baby sein Wohlfühlen jetzt deutlich zeigt, erleben die Eltern sich als erfolgreich und geliebt und erhalten Motivation, weiterzumachen.

Jean Liedloff beschreibt diesen Prozeß bei den Yequana in Venezuela so: »Wenn er [der Säugling] lächelt und gluckst, ruft dies Freude bei ihnen hervor und den Impuls, die erfreulichen Töne so lange und so oft wie möglich hervorzulocken. Welche Reize für ihn richtig sind, wird schnell verstanden, und diese werden, ermutigt durch die belohnende Reaktion des Babies, wiederholt.« (Liedloff, S. 73)

Die ersten Spiele stellen Bindung intensiv her, ermöglichen jedoch auch ein Loslassen: Wenn der kleine Jakob bei Opa besonders herzlich lacht, kann Opa das Baby auch mal eine Stunde hüten. Und wenn Papa den richtigen Schwung für Fliegerspiele hat, kann Mama sich eine Weile entspannen.

Eine besondere Wohltat für das Baby ist in diesem Alter die Babymassage. Sie kann auch gut von Vätern ausgeführt werden. Auf diese Weise können sie ihr Kind besser kennenlernen und mit ihm ohne Worte kommunizieren. Es gibt gezielte Anleitungen und Kurse dafür. Wenn sie jedoch sanft vorgehen, den Raum gut wärmen (oder unter einer Wärmelampe massieren) und zum Beispiel Rosenöl verwenden, das sie zuvor in Ihren Händen erwärmt haben, können Sie ganz intuitiv – und ohne besondere Anleitung – vorgehen. Lassen sie sich streichelnd auf Ihr Baby ein und von ihm und seinem Wohlgefühl zur Wiederholung anregen.

Vielleicht fragen Sie sich auch, wie lange man ein Baby in diesem Alter »abgeben« darf? Die Antwort ist eigentlich einfach: solange es sich wohlfühlt. Das wird bei jedem Baby anders sein und von seinen Gewohnheiten und Befindlichkeiten abhängen. Jedes Kind hat einen anderen Charakter und ein einzigartiges Temperament. Außerdem ist die Qualität der Bindung zur »Ersatzmutter« entscheidend. Wenn es die Person schon lange gut kennt und öfter im Zusammensein mit der Mutter von ihr betreut wurde, entsteht sicherlich kaum ein Problem. Zufallsbekanntschaften oder eben erst eingestellten Babysittern sollte man ein Kind ganz sicher nicht gleich allein überlassen. Jede schlechte Erfahrung, die das Baby in diesem Alter macht, erschwert sein sicheres Bindungsverhalten und führt dazu, daß sich neue Probleme einstellen. Es wird in seinem Verhalten ängstlich sein und immer Sorge haben, daß es gleich verlassen wird. Es wird klammern und weinen.

Wenn Mütter bereit sind, ihre Verantwortung stundenweise abzugeben, und die Geduld aufbringen, die »Ersatzmutter« über einen längeren Zeitraum zu begleiten und anzuleiten, können sie neue Kraft schöpfen und auch eigenen Interessen nachgehen.

Mit seinem ersten Forschungsdrang, mit seiner Neugier und seinem Lachen zeigt uns das Baby, was es tun möchte, womit es sich beschäftigen will und was es mag. Wir müssen nur genau hinschauen und es beobachten.

»Wenn es irgend eine Formel gibt, die aus einer Frau eine gute Mutter macht, dann ist es die, daß man seinem Kind die Möglichkeit lassen soll, sich zu entfalten, und daß man es dabei begleiten soll«, schreibt eine Mutter in Daniel Sterns Buch (Stern, S. 170).

Es kann aber auch vorkommen, daß Mutter und Kind durchaus beisammen, aber trotzdem »getrennt« sind. So kann eine Mutter Probleme haben, weil sie sich alleingelassen fühlt, Streit mit dem Partner oder den Eltern hat oder in depressive Verstimmungen fällt. Auch finanzielle oder andere soziale Probleme sind für viele Mütter sehr belastend. Und natürlich spürt ein Baby unsere Stimmungsschwankungen.

Es beunruhigt einen Säugling zum Beispiel sehr, wenn das Gesicht der Mutter leer und ausdruckslos ist – zum Beispiel weil sie einen schlechten Tag hat oder sich traurig fühlt. Schon mit drei Monaten reagieren Babys heftig auf ein leeres Gesicht, indem sie sich umschauen, nicht mehr lächeln und die Stirn runzeln. Sie unternehmen Versuche, die gewohnte Reaktion der Mutter hervorzulocken, indem sie lächeln, gestikulieren und bestimmte Töne von sich geben. Gelingt ihnen das nicht, zeigen sie sich unglücklich und verwirrt.

Wendet sich die Mutter dem Baby dann wieder bewußt zu – und erwacht damit aus einem vielleicht schlechten Tagtraum –, ist das Glück wieder vollkommen.

Stern beschreibt das so: »Als Claire nach Joey [dem Baby] faßt, um ihn zu berühren, übt ihr Lächeln seine natürliche, beschwörende Kraft aus und wirkt ansteckend. Claires Lächeln löst in Joey ein Lächeln aus und haucht ihm Lebendigkeit ein. Es läßt in ihm die Lebendigkeit wiederhallen, die Claire empfindet und ihm zeigt. Joeys Freude wächst. Claires Lächeln entlockt sie ihm.« (Stern, S. 180)

So ist Bindung immer ein Band, das von zwei Seiten geknüpft wird. Während das Baby zunächst den Eltern auf Gedeih und Verderb ausgeliefert ist, werden seine Möglichkeiten mit der Zeit immer größer. Ein Kind wird sich immer bemühen, es seinen Eltern »recht« zu machen und sie aufzuheitern. Dabei wählt es sogar Mittel, die ihm selbst schaden. Wenn ein Baby zum Beispiel spürt, daß es für Heiterkeit sorgen muß, wird es immer versuchen, seine Eltern zu trösten – und dabei seine eigene Entwicklung, sein Spiel und seinen Bewegungsdrang einschränken. Kinder sind kooperativ – und kompetent – und immer auf ihre Eltern bezogen.

Für Erwachsene, Mütter und Väter, ist es daher besonders wichtig, sich Hilfe von anderen Erwachsenen oder Beratungsstellen zu holen, wenn Probleme auftreten. Andernfalls leiden nicht nur die Eltern, sondern auch die Kinder.

Erst im Erwachsenenalter ist das Kind in der Lage – und selbst das ist oft schwer genug –, sich aus der elterlichen Bindung zu befreien, wenn diese als nicht mehr angemessen oder belastend erlebt wird.

Der erste Frühling

Das Erwachen ist jetzt.

Gerade in dem Augenblick, in welchem Du über den alten Friedhof gehst, einfach so, nur um einen Spaziergang zu machen und die Frühlingssonne zu genießen.

Die vertrauten Bilder haben sich eingestellt.

Bilder, die gleich nach dem Aufwachen kommen – seit der Kindheit sind sie da, gleich nach dem Schlaf, dem kleinen Tod ... er geht vorüber, fast staunst Du darüber.

Doch *es* geschieht.

Es geschieht, das Blühen in den Vorgärten, die Katzen, Kinder und Nachbarn, die sich an die sonnige Mauer lehnen, nach Süden gerichtet, wo es zuerst warm ist in dieser Jahreszeit. Zunächst nur über die Mittagsstunden ... man muß die Stunden suchen, sie kommen nicht von selbst.

Auch die Nächte sind mild.

Was richtig ist, zählt nicht eigentlich, das weißt Du.

Etwas ist *zum erstenmal,* in diesen Monaten, nicht ewig, nicht wiederkehrend und belanglos wie sonst, sondern zum, erstenmal wirklich.

Das Gezwitscher, welches über den Friedhof tönt, dieser geheime Wunsch, in dieser Jahreszeit zu sterben ...

Dieses Verweilen von hellen, erschöpften Gesichtern auf wintermüden Parkbänken.

Etwas ist zum erstenmal, zum einzigenmal.

Du begleitest ein Leben in seinen ersten Frühling, ein neues, noch uneingeweihtes Leben, das es nur geben kann mit Dir ... noch.

Du begleitest ein kleines Gesicht, das zum erstenmal die kaum ergrünten Weiden sieht, die Farben der Krokusse vielleicht wahrnimmt ... ein Gesicht, das überhaupt zum erstenmal – sieht.

Wo sind die Bilder von gestern geblieben, wo die frühe Bläue und wo die weiche Dämmerung?

Du bist jetzt das Spätere.

Es gibt ein Nach – Dir.

In diesem Frühling zum erstenmal.

Heute bist Du nicht allein mit der Freude.

Sieh hin.

Du teilst. Du schenkst. Du gibst.

Du singst Deine Lieder nicht allein in den Wind.

Ungehört wie bisher.

Da ist etwas, das Dir folgt.

Mit den Augen.

Mit den Ohren.

Mit dem Mund.

In den Frühling folgt.

Deiner Begeisterung vertraut.

Mit Dir in die Sonne geht.

Und noch weiter geht.

Nach Dir lächeln wird.

Nach Dir über die Wiesen streift.

Nach Dir in die pastellfarbenen Abende träumt ... dann wenn Du es nicht mehr tun wirst ...

Du lenkst nun den Kinderwagen zum Tor hinaus.

Der Friedhof schließt jetzt.

Drunten am Hang blühen schon die Palmkätzchen.

Und in zehn Tagen ist Ostern.

Du fragst: *Wie viele Frühlinge noch?*

Neben Dir hält eine Hand die andere Hälfte des Wagens.

Fest und warm.

Du siehst in vier Augen, die nur Dir gehören, in diesem Augenblick.

Die Antwort ist ruhig und ohne Furcht.

Versuche mit: »Ich kann« –
Das zweite Halbjahr

Robben, kriechen, krabbeln, aufrichten – anbinden oder loslassen?

Wer Säuglinge zwischen dem sechsten und achten Monat beobachtet, wird immer wieder fasziniert feststellen, wie unterschiedlich der Kampf gegen die Schwerkraft bewältigt wird. Aus der Bauchlage heraus hebt das Kind bald den Po oder fängt an, sich seitwärts zu drehen. Der Drang zur Fortbewegung ist deutlich und wird am Ende des zweiten Halbjahres von jedem gesunden Kind auf seine eigene Art bewältigt. Während die einen mit zwölf Monaten schon laufen, robben andere, krabbeln auf Knien oder rutschen geschickt auf dem Po mit Hilfe ihrer Beine durch den Raum. Über den Halsstellreflex, der seit der Geburt vorhanden ist, schafft das Kind die Drehung von der Rücken- in die Bauchlage. Hat es die Möglichkeit der Fortbewegung auf seine ganz eigene Weise entdeckt, macht es zum ersten Mal die Erfahrung des Raumes. Es lernt, den Abstand zwischen sich und den Gegenständen oder Personen im Raum abzuschätzen, und damit die physikalische Struktur des Raumes kennen. Auf diese Weise versteht es besser, was es sieht. Es lernt zum Beispiel, daß Gegenstände, die sich weiter weg befinden, kleiner wirken. Für das Baby und seine Entwicklung ist es also notwendig, seinen Fortbewegungsdrang nicht einzuschränken, sondern zu unterstützen. Die Laufgitter vergangener Zeiten sind kein Aufenthaltsort für neugierige kleine Menschen, die lernen wollen!

Auch kann sich das Baby jetzt von der Mutter weg oder auf sie zubewegen. Binden und Loslassen wird jetzt zu einem Spiel mit Ernst. Für das Baby ist das Loskrabbeln oder

Sichfortbewegen nur durch die sichere Bindung möglich. Mutter oder Vater können in der Regel frei entscheiden, wann sie sich entfernen oder bleiben wollen. Verschwinden sie aus dem Gesichtsfeld, wird das Kind bald unruhig und ängstlich reagieren. Wird das Baby jedoch dauerhaft von seinen Eltern getrennt, entwickelt es sich nicht weiter. Der gesunde Menschenverstand sagt einem, daß Entwicklungsverzögerungen entstehen, wenn das Kind Angst und Verlust erleiden muß. Bowlby und seine Mitarbeiter haben das in vielfältigen Untersuchungen aber auch wissenschaftlich bewiesen. Sie beschrieben zum Glück nicht nur, wie grausam sich solche Trennungen auswirken, sondern auch, wie man den Schmerz lindern kann: durch »Mutter-Ersatz-Personen« nämlich, die durch ihre verläßliche, liebevolle Präsenz und Kommunikation eine Bindung zum Kind aufbauen.

Da ich selbst meine vier Kinder vom zweiten Halbjahr an stundenweise der Großmutter und der Tagesmutter überlassen habe, weiß ich, wie gut ihnen und mir das tat. Das Entscheidende ist nicht die Abwesenheit der Mutter, sondern die Zuverlässigkeit und Feinfühligkeit der »Ersatzmutter«, ihre Fähigkeit, Bindung herzustellen.

Zwischen dem siebten und neunten Monat erleben wir in unserer Kultur die sogenannte »Fremdelphase« oder »Achtmonatsangst«. Während sich unser Baby zuvor von nahezu jedem umhertragen oder begrüßen ließ, kann es jetzt vorkommen, daß es plötzlich das Gesicht verzieht und herzzerreißend zu weinen beginnt, wenn sich ein Unbekannter über es beugt oder zu ihm spricht. Ihr Baby hat jetzt sicher gelernt, Fremde von Bekannten zu unterscheiden und sein Unbehagen auszudrücken. Dieses Verhalten ist ganz normal und zeigt den Entwicklungsstand des Kindes an. Obwohl schon Neugeborene ihre Mutter deutlich von anderen Personen unterscheiden können, bringen sie in diesem Alter ihre Ängste klar und deutlich »zur Sprache«. Eltern tun also gut daran, ihr Kind in solch einem Fall sofort zu trösten und seine erworbenen Kompetenzen anzuerkennen.

Durch die Geborgenheit und Sicherheit, die das Baby durch seine zuverlässigen, feinfühligen Eltern erhält, wird es jedoch auch bald lernen, daß unbekannte Menschen nicht von vornherein Gefahr bedeuten und daß man sich ihnen durchaus nähern darf.

Feinfühligkeit, die Voraussetzung für sichere Bindung, heißt in dieser Lebensphase, das Baby weder zu überreizen noch es zu isolieren. Für Babys, die schon in eine Geschwisterschar hineingeboren werden, wird es viel leichter sein, auf Fremde zuzugehen, als für Einzelkinder. Doch wird auch immer der individuelle Charakter eine Rolle spielen. Manche Kinder sind von Natur aus schüchtern und andere draufgängerisch. Babys können eher kontaktfreudig oder introvertiert sein.

Prompt reagieren heißt für Eltern jetzt auch, eine gute Lösung zu finden, wenn das Baby zum Beispiel die Steckdose oder den Mülleimer untersuchen möchte. Ich habe meinen Kindern in diesem Alter gezeigt, wo man sich an der Tür klemmen kann und daß Gegenstände auf Tischen herunterfallen, wenn man an der Tischdecke zieht. Sehr viele gefahrvolle Situationen lassen sich durch gezielte Übungen vermeiden – zum Beispiel indem man einen Pappbecher mit wenig kaltem Wasser auf den Tisch mit Decke stellt und nicht die heiße Teekanne. Zieht das Baby jetzt an der Decke, bekommt es einen kleinen ungefährlichen Schreck, der vor echter Gefahr schützt. Kinder sind in diesem Alter enorm lernbegierig, und sie haben ein ausgeprägtes motorisches Gedächtnis. Je feinfühliger die Bindungsperson ist und sich in das Kind hineinversetzt, desto sicherer entwickelt das Kind das Gefühl, daß es Herr der Lage ist und im Fall einer möglichen Gefahr nicht allein bleibt. Dies ist wiederum die Basis für ein sicheres Selbstwertgefühl im späteren Leben.

In unserer Kultur gibt es eine Menge Sicherheitsvorkehrungen: Kindersteckdosen, Sicherheitsverschlüsse, Laufgitter, Bänder, Gehhilfen, Gurte und Stützräder ... Mit diesen Sicherheitsvorkehrungen wird das Leben unserer Kinder jedoch leider nicht sicherer. Im Gegenteil, es verunglücken immer mehr Kinder.

Experten von Versicherungsgesellschaften haben festgestellt, daß Kinder oft so abgesichert aufwachsen, daß sie nicht mehr hinfallen können, ohne sich ernsthaft zu verletzen. Anstatt durch viele kleine Unfälle vorsichtig zu werden, verletzen sie sich durch einen großen ernsthaft. Indem eine Welt voller Gefahr suggeriert und die Illusion der absoluten Sicherheit durch den Kauf bestimmter Sicherheiten vorgegaukelt wird, verlernt der kleine Mensch, für sich selbst die Verantwortung zu übernehmen und seinen natürlichen Impulsen zu trauen.

Völker, die solche Sicherheit nicht kennen, vertrauen gezwungenermaßen auf die natürlichen Überlebensmechanismen. Jean Liedloff beschreibt, wie ein Baby der Yequana mehrmals täglich an eine eineinhalb Meter tiefe Baugrube herankrabbelte und niemals verunglückte. »Beschäftigt mit einem Stock oder Stein oder seinen Fingern oder Zehen, spielte es und rollte in jede Richtung, anscheinend ohne auf die Grube zu achten... Die nicht vom Verstand gelenkten Selbsterhaltungsmechanismen funktionierten unfehlbar... Unbeaufsichtigt oder – was häufiger vorkam – am Rande der Aufmerksamkeit einer Gruppe von Kindern, die mit dem gleichen Mangel an Respekt für die Grube spielten, übernahm das Baby seine Verantwortung für seine eigenen Beziehungen zu all den umgebenden Möglichkeiten. Die einzige Beeinflussung seitens der Mitglieder seiner Familie und Gesellschaft bestand darin, daß sie von ihm erwarteten, es könne sich um sich selbst kümmern.« (Liedloff, S. 109)

Mit neun Monaten kriecht das Baby in der Regel über längere Entfernungen und erforscht mehr Orte seiner Umwelt. Das regt sein Nervensystem durch zahlreiche Empfindungen von seiten der Muskeln, die seinen Körper aufrecht halten, und auch von der Schwerkraft der Erde her an. Die Einflüsse helfen ihm, die beiden Körperseiten miteinander zu verknüpfen, seine Bewegung zu planen und die optische Wahrnehmung zu schärfen. Das Baby verbringt viel Zeit damit, Gegenstände genau anzusehen, sie aneinanderzuschlagen, herunterzuziehen oder durcheinanderzuwerfen. Es lernt, selbständig zu essen, aus einem Fläschchen oder einer Tasse allein zu trinken, und oft sogar, einen Löffel zu benutzen.

Jean Liedloff beschreibt diesen Prozeß auch bei den Yequana: »Wenn dem Baby durch die Erfahrung des Getragenwerdens alle damit verbundene Sicherheit und Anregung in vollem Maße zuteil geworden sind, kann es sich dem Kommenden, dem Draußen, der Welt jenseits der Mutter zuwenden, voller Selbstvertrauen und gewöhnt an ein Wohlgefühl, das seine Natur aufrechtzuerhalten neigt. Erwartungsvoll sieht es der nächsten Folge angemessener Erfahrung entgegen. Jetzt beginnt es zu kriechen, wobei es häufig zurückkehrt, um sich der Gegenwart seiner Mutter zu vergewissern. Findet es sie in steter Bereitschaft, so wagt es sich weiter hinaus und kehrt weniger häufig zurück, wobei das Kriechen (auf Ellenbogen, der Innenseite der Beine und auf dem Bauch) allmählich in ein Krabbeln (auf Händen und Knien) übergeht; seine zunehmende Beweglichkeit hält Schritt mit seiner Neugier auf das umgebende Gelände, wie das Kontinuum es vorsieht.« (Liedloff, S. 103) Sie führt weiter aus, wie das Bedürfnis nach Körperkontakt allmählich mehr abnimmt und daß sich das Baby nur noch in Streßsituationen an seine Mutter wendet. Aus der sicheren Bindung heraus entwickelt es hier einen Freiheitsdrang, wie wir es von Kindern aus der europäischen Zivilisation oft gar nicht mehr kennen. Anders als bei uns lebt das Baby hier auch nicht allein, sondern in der Gruppe mit anderen Kindern, die sich alle mit für sein Wohlergehen verantwortlich fühlen. Dabei ist die Haltung der Mutter entspannt und gelassen. »Gewöhnlich ist sie mit etwas anderem als Sich-um-das-Baby-Kümmern beschäftigt, aber jederzeit empfänglich für einen Besuch des krabbelnden oder kriechenden

Abenteurers. Sie hört nicht auf mit dem Kochen oder anderer Arbeit, es sei denn, ihre volle Aufmerksamkeit wird erfordert. Sie öffnet dem kleinen Sucher nach Rückversicherung nicht ihre Arme, sondern erlaubt ihm in ihrer ruhigen, beschäftigten Art, von ihrer Person Gebrauch zu machen, oder gewährt ihm, wenn sie gerade umherläuft, einen durch einen Arm gestützten Ritt auf ihrer Hüfte.« (Liedloff S. 108)

Binden und Loslassen steht bei den Yequana in einem wunderbaren, natürlichen Gleichgewicht. Wir können darüber nur staunen. Wie vielen Ängsten sind heutige Mütter in unserer zivilisierten Welt ausgesetzt und welche Geschäfte werden mit unserer Angst gemacht! Viele von uns haben das Vertrauen in ihre eigenen Fähigkeiten verloren, und jetzt, wo unser Kind beginnt, die Welt zu erkunden, möchten wir es lieber ängstlich bei uns festhalten. Unfälle sind täglicher Bestandteil unserer Informationsaufnahme. Und die Welt – bzw. unser Haushalt – ist so eingerichtet, daß es überall gefährliche Dinge gibt: vom scharfen Reinigungsmittel bis hin zur elektrischen Brotschneidemaschine.

Auch werden Kinder heute immer wieder angeschnallt und festgebunden. Wie viele Autofahrten müssen Kleinkinder überstehen und wie häufig werden sie angeschnallt in Buggys durch die City geschoben!

Vertrauen wird uns täglich ausgetrieben, wenn wir die Nachrichten hören und sehen. Und je unsicherer wir die eigene Bindung zu unserer Mutter erlebt haben, desto ängstlicher werden wir uns jetzt verhalten. Loslassen fällt schwer. Ängstlich wollen wir unser Kind vor allem bewahren und spüren doch gleichzeitig deutlich, wie aussichtslos das ist. Wir haben über Generationen hinweg verlernt, weder uns selbst noch unserem Baby etwas zuzutrauen, an unsere natürlichen Fähigkeiten und Begabungen und an den Sinn allen Daseins und aller Ereignisse zu glauben. Gleichzeitig haben wir uns selber eine Umwelt voller Gefahren produziert.

Ich sehe hier keine schnelle und praktische Lösung. Uns immer wieder an unser natürliches Erbe und den Drang zur Entfaltung unserer Fähigkeiten zu erinnern, erscheint mir jedoch in jedem Fall hilfreich. Glück entsteht nicht durch Sicherheitsmaßnahmen, wohl aber durch die Fähigkeit zu vertrauen, – sich selbst und anderen.

In den folgenden Monaten erleben wir eines der größten Ereignisse der frühen Kindheit: das alleinige Aufrichten. Es ist für die kindliche Selbsterfahrung von ganz entscheidender Bedeutung, und es ist wichtig, daß wir ihm diese Erfahrung *aus eigener Übung allein* gestatten. Aufstehen erfordert die Integration von Empfindungen aus jedem Körperteil, einschließlich der Augen- und Nackenmuskeln. Aufstehen ist eine enorme Herausforderung, weil ein relativ großer Körper auf zwei kleinen schmalen Füßen sein Gleichgewicht finden muß.

Was für ein Stolz und welche Freude leuchten aus dem kleinen Gesicht, wenn es diese Übung erfolgreich bewältigt hat und unsere Begeisterung spürt!

Am Ende des ersten Lebensjahres ist es ein lustvolles Spiel, Nähe und Distanz zu den geliebten Personen immer wieder zu verändern und neu herzustellen. Fangspiele und solche, bei denen eine Person oder ein Gegenstand zum Beispiel unter einem Tuch versteckt wird, um bald wieder aufzutauchen, erfreuen sich großer Beliebtheit. Die Spiele sind lustig aus der Sicherheit und dem Vertrauen heraus, daß der geliebte Gegenstand oder die geliebte Person gleich wieder auftauchen wird. In diesem Spiel kann das Baby seine Wahrnehmung, die Getrenntheit von der Mutter ohne Angst verarbeiten lernen. Es begreift, daß Menschen oder Dinge, die kurz verschwinden, trotzdem noch da sind. Das Baby genießt die Verläßlichkeit der Situation, die es in den Monaten zuvor immer wieder erfuhr und jetzt sicher kennt. Es genießt das Spiel und lacht, weil es die Situation versteht und weil es um die Sicherheit der Bindung weiß.

Feste Nahrung

Im zweiten Halbjahr erhalten alle Babys, auch wenn sie noch gestillt werden, ihre erste feste Nahrung, am besten Möhrenbrei. Damit haben sie einen großen Schritt in die Unabhängigkeit geschafft. Obwohl wir heute an jeder Ecke Babynahrung kaufen können, stelle ich mir vor, daß in diesem Alter das Überleben des Kindes erstmals unabhängig von der Mutter gesichert ist.

Aufgenommen in die Gemeinschaft der Menschen, können sich jetzt alle um das Baby kümmern und es füttern. Die Gruppe der Menschen, in die es eingebunden wird, kann sich vergrößern.

In den nächsten Monaten wird diese Art der Nahrungsaufnahme, das Füttern mit dem Löffel, zu einem Akt von großem Interesse. Das Baby führt seine Hand nicht nur gezielt in den Mund, es drückt auch deutlich aus, was es mag, wodurch es überrascht wird und was ihm überhaupt nicht schmeckt. Obwohl auch schon Neugeborene ein ausgeprägtes Geschmacksempfinden haben, erkennen wir hier eine neue Qualität. Unser Kind will seine Nahrung auch begreifen, sinnlich erfahren, verrühren, erkunden. Und es liebt die Interaktion, die sich beim Füttern mit seinen vertrauten Menschen ergibt. Wie viele Sprüche und Verse drehen sich ums Füttern! Andererseits kann das Baby jetzt auch bald allein essen, sitzt in den nächsten Monaten im Kreis der Familie in seinem eigenen Stuhl am Tisch und ist wieder ein Stück mehr losgelassen.

Der Babyhochstuhl ist ein typisches Zeichen unserer Kultur. Er unterstreicht die Bedeutung des Essens am Tisch und die Bedeutung sitzender Tätigkeiten.

Er signalisiert die Unabhängigkeit des Kindes, indem er ihm einen Ort zuweist, der ihm neben seinem Bett ganz allein gehört. »Sitz und iß!« oder »Sitz und arbeite!« werden im späteren Leben immer häufiger benutzte Aufforderungen sein.

Für seine Körperhaltung und Entwicklung ist Sitzen keineswegs die geeignete Haltung. Schon plädieren Orthopäden und Pädagogen für die Abschaffung der Kleinkindstühle. Dennoch kenne ich die Freude der Mütter, das Baby und größere Kind für eine Weile ruhig und relativ gefahrlos beschäftigt zu haben.

Ich kenne auch die Techniken gewisser Großmütter, aus der Nahrungsaufnahme keinen »langen Prozeß« zu machen. Ähnlich wie Gänse »gestopft« werden, wird dem Kind ein Arm nach hinten gedreht, der andere festgehalten und nun mit dem Löffel »hineingeschaufelt«. Essen ist dann mehr ein Abfüllen, das keine Kommunikation oder besondere Erfahrung erlaubt. Vielleicht dienten solche Praktiken früher dem Überleben. Heute sind sie ganz gewiß fehl am Platz, weil sie das eigene Körper- und Hungerempfinden des Babys untergraben und die aufkeimende Lust am Selbstbestimmen von vornherein unterdrücken.

Als einer meiner Söhne neun Monate alt war, verbrachten wir einen Urlaub in Griechenland. Dort gab es keinen Babystuhl. Wir setzten unseren Kleinen mit seinem Teller voll gekochtem Gemüse auf den warmen Steinboden, wo er lustvoll zugriff. Die Szene, die ich noch deutlich vor mir sehe, erinnerte mich immer wieder an junge Schimpansen im Zoo.

Natürlich kann man sein Baby beim Essen auch gut auf dem Schoß haben. Ich habe es jedoch immer als Befreiungsakt empfunden, allein essen zu dürfen, mein Baby loszulassen und es aus sicherer Entfernung seine eigenen Experimente mit Nahrung machen zu lassen.

Humor

Weder in der wissenschaftlichen noch in der für Laien gedachten Literatur über Babys habe ich etwas über diese einzigartige menschliche Fähigkeit – nämlich über sich selbst und in der Welt Wahrgenommenes zu lachen – gefunden.

Humor scheint etwas zu sein, worüber man nicht spricht – jedenfalls nicht im Zusammenhang mit kleinen Kindern. Dabei scheinen mir die speziellen Witze, die Eltern und Kinder miteinander machen, die nur sie kennen und lieben, ein ganz besonderes Band der Bindung zu sein. Worüber lacht ein Baby, und worüber lachen wir? Fest steht, daß ein Baby nur lacht, wenn es sich wohl fühlt und seine Grundbedürfnisse nach Nahrung, Wärme und Schlaf befriedigt sind. Aber schon vor dem ersten Geburtstag ist es möglich, ein Baby kurzfristig mit einem Scherz von seinem Kummer abzulenken. Ich erinnere mich, wie mein kleiner Sohn mit ungefähr sieben Monaten bei 40 Grad Fieber ein – wenn auch kurzes – Lachen hervorbrachte. Und Lachen dient zweifellos der Gesundheit! Schon werden in Krankenhäusern Clowns eingesetzt, um schwerkranken Kindern zu helfen.

Lachen läßt sich selten mit Sicherheit vorhersagen. Wir wissen nicht, warum die Silbenkombination bibbelebabbelebisch von einem kleinen Mädchen mit neun Monaten als urkomisch erlebt wird. Ist uns der Witz jedoch einmal gelungen, wiederholen wir ihn bereitwillig – mit dem gleichen Erfolg. Kitzeln bringt fast jedes Kind zum Lachen – aber wo soll gekitzelt werden? Es macht Spaß, unser Kind mit seinem persönlichen Humor kennenzulernen, mit seinen Vorlieben und Lachauslösern. Aber jetzt beobachtet das Baby auch uns genau. Es stellt fest, was wir mögen, und scherzt gern. Hat uns eine Schräghaltung des Kopfes und ein gewisser Blick heute zum Lachen gebracht, wiederholt es diese

Geste gern noch einmal, um uns eine Freude zu machen. Auch können Kinder in diesem Alter Fragen beantworten, denn sie verstehen viel, auch wenn sie nur wenige Worte sprechen können. »Wo ist denn deine Nase?« können wir fragen oder »Zeig mal deine Ohren!« Solche Zeigespiele sind oft ausgesprochen witzig und versetzen viele in Entzücken. Manche Babys sind ausgesprochene Clowns, die ihre Familie ganz bewußt aufheitern. Woher haben sie diese Gabe?

Als meine Kinder sehr klein waren, spielten wir gern das »Chefspiel«. Am Tisch sitzend fing einer an, das Baby in seinen Bewegungen nachzuahmen, bis schließlich alle in die Hände klatschten oder den Löffel von einer Hand in die andere bewegten. Auch ganz einfache Versteckspiele oder die morgendliche Begrüßung mit bestimmten Worten werden zum Lacherfolg. Spiele mit überraschenden Effekten, überraschenden Geräuschen, Bewegungen oder Bewegungsspiele bringen Babys oft zum Lachen. Ältere Babys lachen oft schon mitten im Prozeß, weil sie wissen, was kommt. Jüngere dagegen lachen erst, wenn das ganze Spiel oder der Witz vollständig vorbei ist. In manchen Familien gibt es Handpuppen, die das Baby zum Kichern bringen, und in anderen sind es Kitzelspiele oder Wortkombinationen, die das Lachen auslösen.

Jede Familie hat solche besonderen Scherze, die oft zu Ritualen werden, die sich täglich wiederholen. Als Bindungselement kann man sie gar nicht hoch genug bewerten und ich hoffe, daß ich Sie mit diesen Ausführungen ermuntern kann, stolz auf sich und den Humor Ihres Babys zu sein.

Vertrautes und Fremdes

Wie ich auf S. 36 schon angedeutet habe, hat Mary Ainsworth einen Test entwickelt, in dessen Mittelpunkt die sogenannte »Fremde Situation« steht.

Der Test, der mit einjährigen Kindern durchgeführt wird, verläuft in acht dreiminütigen Sequenzen so:

1. Mutter und Kind werden vom Beobachter in einen bis dahin unbekannten Spielraum geführt.

2. Die Mutter beschäftigt sich allein, während das Kind den Raum erkundet.

3. Eine fremde Person betritt den Raum, unterhält sich mit der Mutter und beschäftigt sich dann auch mit dem Kind.

4. Die Mutter verläßt den Raum, die Fremde bleibt mit dem Kind allein, sie beschäftigt sich mit ihm und tröstet es, wenn notwendig.

5. Die Mutter kommt wieder, die Fremde geht, Mutter und Kind sind allein. Die Mutter beschäftigt sich mit dem Kind und versucht, es wieder für das Spielzeug zu interessieren.

6. Die Mutter verläßt wieder den Raum.

7. Die Fremde tritt wieder ein; sie versucht das Kind zu trösten, wenn notwendig.

8. Die Mutter kehrt zurück, die Fremde verläßt den Raum.

Je nach Verhalten des Einjährigen wird das Kind nach diesem Test als »sicher gebunden«, »unsicher-vermeidend gebunden«, »distanziert gebunden« oder »unsicher-ambivalent gebunden«, »verstrickt gebunden« bewertet.

Ich beschreibe im folgenden die Klassifikationen der kindlichen Bindungsqualität:

1. Als sicher gebunden gelten Kinder, die nach der ersten und zweiten Trennung nach der Mutter rufen, ihr nachzufolgen versuchen, sie suchen und auch weinen. Sie sind deutlich gestreßt. Auf die Wiederkehr der Mutter reagieren sie mit Freude, strecken die Ärmchen nach ihr aus, suchen Körperkontakt und wollen getröstet werden. Nach kurzer Zeit beruhigen sie sich wieder und wenden sich dem Spielzeug zu.

2. Unsicher-vermeidend gebundene Kinder reagieren

auf die Trennung mit nur wenig Protest und zeigen auch kein deutliches Bindungsverhalten. Sie bleiben in der Regel an ihrem Platz und spielen weiter, allerdings mit weniger Neugier oder Ausdauer. Manchmal kann man erkennen, daß sie der Mutter mit den Augen nachfolgen, ihr Verschwinden also bemerken. Auf ihre Rückkehr reagieren sie eher mit Ablehnung, wollen nicht auf den Arm oder getröstet werden. Körperkontakt findet in der Regel nicht statt.

3. Unsicher-ambivalent gebundene Kinder zeigen nach der Trennung den größten Streß. Sie weinen heftig und lassen sich kaum beruhigen. Es braucht in der Regel längere Zeit, bis sie sich beruhigt haben. Manchmal können sie auch nach mehreren Minuten nicht zum Spiel zurückfinden. Wenn sie von ihren Müttern auf den Arm genommen werden, drücken sie einerseits den Wunsch nach Körperkontakt und Nähe aus, während sie sich andererseits gleichzeitig aggressiv verhalten, indem sie strampeln, mit den Beinen treten und sich abwenden.

Als Zusatzklassifikation wird das »desorganisierte Verhaltensmuster« genannt.

Das Verhalten dieser Kinder konnte in keine der drei vorher beschriebenen Gruppen eingeordnet werden. Die Kinder liefen etwa zur Mutter hin, blieben jedoch auf der Hälfte des Weges stehen oder erstarrten in ihren Bewegungen.

Die Kinder fielen außerdem durch stereotype Verhaltensmuster auf.

Die Beobachtungen an diesen Kindern werden so interpretiert, daß das Bindungssystem zwar aktiviert ist, ihr Bindungsverhalten sich aber nicht in eindeutigen und konstanten Verhaltensstrategien äußert.

In einer wissenschaftlichen Untersuchung von Grossmann und Mitarbeitern aus dem Jahr 1997 werden in einer Längsschnittstudie 50–60 Prozent der Kinder als sicher gebunden beschrieben, 30–40 Prozent als unsicher-vermeidend und 10–20 Prozent als unsicher-ambivalent klassifiziert.

Karl Heinz Brisch meint auch, daß Mary Ainsworth den Zusammenhang von Feinfühligkeit der Eltern und sicherer Bindung deutlich überschätzt habe. Er betont, daß der Einfluß kindlicher Eigenschaften auf das Bindungsgeschehen unbedingt berücksichtigt werden müsse. »Ein unruhiger Säugling – etwa mit Eßproblemen, unstillbarem Schreien oder ausgeprägten Schlafproblemen – wird auch eine durchschnittlich feinfühlige Mutter in ihren potentiellen Verhaltensweisen extrem herausfordern oder sogar überfordern.« (Brisch, S. 49)

Ich betone das an dieser Stelle, um zu zeigen, daß Bindung ein Wechselspiel ist und der Test, der mit einjährigen Kindern durchgeführt wird, oder auch seine Ergebnisse meiner Meinung nach nicht ausreichen, um Bindungsverhalten sicher zu beschreiben.

Auch mir selbst kommen erhebliche Zweifel, wenn ich mir vorstelle, diesen Test in kinderreichen Familien durchzuführen. So haben dritte, vierte und weitere Kinder in der Regel sehr viel mehr Kontakte zu zunächst fremden Personen als erste und zweite Kinder. Wenn sie mit allen diesen Personen – z. B. Freunde der Geschwister, deren Mütter und Väter, Besucher der Familie – bereits positive Erfahrungen gemacht haben, werden sie in der »Fremden Situation« trotz sicherer Bindung nicht unbedingt so reagieren wie das dort beschriebene sicher gebundene Kind. Ich glaube auch, daß Mütter und Väter genau wissen, ob ihr Kind eine sichere Bindung hat. Sie brauchen diesen Test ganz gewiß nicht.

In einem »halbstrukturierten Interview« mit Erwachsenen, das von Mary Main entwickelt wurde, werden diese über ihre Beziehungen zu ihren Eltern in ihrer Kindheit befragt. Sie sollen sich zum Beispiel daran erinnern, wem sie in der Kindheit nahe standen, ob und wann sie von den Eltern getrennt waren und wie sie getröstet wurden (vgl. Brisch, S. 281 f.). Aus der Auswertung der Interviews wird noch einmal deutlich, daß sichere Bindung – zum Beispiel durch andere Bezugspersonen – im Leben auch später erworben werden kann. (vgl. Brisch, S. 51 f.) »Die Bindung im ersten Lebensjahr ist nicht ausschließlich für die weitere Bindungsentwicklung determinierend und läßt keine absolute Vorhersage zu.« (Brisch, S. 57 f.)

Dennoch scheinen diese später erworbenen Bindungsqualitäten eher die Ausnahme zu sein. Wir alle haben den Hang, unseren bekannten Erfahrungs- und Verhaltensmustern treu zu bleiben. Wer verändert sich selbst schon gern?

Mehrheitlich (70 Prozent nach Brisch, S. 55) geben Eltern ihr Bindungsverhalten an ihre Kinder weiter, oft sogar über Generationen.

Was können wir aus diesen Ergebnissen als Eltern einjähriger Kinder herauslesen?

Zu seinem ersten Geburtstag läßt jedes Kind erkennen, ob es seinen Eltern vertrauen kann. Kinder, die ihre Eltern als zuverlässig und feinfühlig erlebt haben, fühlen sich sicher. Sie sind neugierig und gehen auf die Welt zu. In aktiver Auseinandersetzung mit ihrer Umwelt entwickeln sie ihre Fähigkeiten.

Fremde Situationen und fremde Menschen machen ihnen zunächst Angst. Gibt man ihnen jedoch Zeit und Sicherheit, setzen sie sich mit neuen Situationen und Menschen auseinander und können auch zu zunächst Fremden stabile Beziehungen aufbauen. Die Qualität der Beziehung – die Verläßlichkeit und Feinfühligkeit der Bezugsperson – ist jeweils entscheidend dafür, wie sich das Kind entwickelt.

Ich kann das aus meiner persönlichen Erfahrung mit vier Kindern nur bestätigen.

Mein ältester Sohn wurde mit vier Monaten vormittags vier bis fünf Stunden von einer Tagesmutter in unserer Wohnung betreut. Ich konnte sicher sein, daß diese Frau mein Kind liebevoll versorgte, denn er schrie nicht bei der »Übergabe« und verhielt sich auch nachmittags und nachts im Zusammensein mit mir und seinem Vater »wie immer«.

Meine beiden jüngeren Söhne wurden ab dem siebenten Monat vormittags »fremdbetreut« und waren bei ihren jeweiligen Tagesmüttern ebenfalls zufrieden. Meine Tochter war schon ein Jahr alt, als ich sie täglich für einige Stunden zu einer Tagesmutter brachte, bei der noch andere Kinder betreut wurden. Ich ließ sie erst allein dort, als sie mir das ausdrücklich gestattete und nicht weinte, wenn ich ging.

Obwohl es sicherlich nicht einfach und finanziell und organisatorisch aufwendig ist, schadet Fremdbetreuung Kindern nicht, wenn man bestimmte Kriterien beachtet und sein Kind genau beobachtet.

1. Beobachten Sie die Tagesmutter oder Betreuungsperson. Was strahlt sie aus?

Feinfühligkeit, Humor und entspannte Gelassenheit sind Kriterien, die mir Vertrauen einflößen. Ein gewisses Geschick im Umgang mit kleinen Kindern setze ich voraus. Niemals würde ich mein Kind einer Person anvertrauen, die gestreßt und überfordert wirkt, einen unfreundlichen Umgangston hat und traurig oder unzufrieden aussieht.

2. Beobachten Sie Ihr Kind.

Kinder haben ein sehr feines Gespür für Menschen. Sie zeigen einem ganz genau, wen sie mögen und wen nicht. Wenn mein Kind auf dem Arm einer fremden Person sofort zu schreien anfängt, muß ich erst gar keine weiteren Versuche unternehmen, die beiden aneinander zu gewöhnen. Auch ohne die genaue Ursache zu kennen, würde ich der Intuition meines Kindes immer trauen. Es gibt andererseits Menschen, die Kinder geradezu magisch anziehen. Ich denke, aus gutem Grund. Es sind humorvolle Menschen, Optimisten, Spaßmacher oder einfach gütige Menschen. Es lohnt sich, nach solchen Menschen zu suchen. Kinder finden sie. Das heißt nicht, daß man von solchen Menschen niemals enttäuscht wird. Wir hatten zum Beispiel eine sehr geliebte Erzieherin für unsere Kinder, die dann einfach nach einem Urlaub nicht zurückkam. Aber wenn die Beziehung zu den eigenen Eltern stabil und verläßlich ist, verkraften Kinder das ohne Schaden.

Fremdes kann vertraut werden. Kinder haben intuitive Fähigkeiten, die wir unbedingt achten sollten. Wenn ein Kleinkind trotz längerer Eingewöhnungszeit nicht bei einer bestimmten Person bleiben will, hat es seine Gründe. Wir werden diese Gründe vielleicht nie herausfinden. Möglich ist sogar, daß unser Baby unsere eigene Einsamkeit und unsere Ängste spürt und sich aus Loyalität und Liebe zu uns an uns klammert. Es stellt sich daher auch immer die Frage: Bin ich selbst bereit, loszulassen? Und wenn ja – um welchen Preis?

Wenn ich mir die Testsituation, die ich oben beschrieb, real vorstelle, hätte ich keine Lust, daran teilzunehmen. Soll mein Kind drei Minuten nach mir suchen und schreien, um der Wissenschaft zu dienen? Andererseits bin ich mir sicher, daß es den Müttern Vorteile brachte, sich an diesem Versuch zu beteiligen, und ganz sicher sind die Erkenntnisse aus diesen Experimenten vielen Eltern zugute gekommen – so auch in vielfältigen Beratungsangeboten. Ganz sicher hat die »Fremde Situation« den kleinen Kindern nicht geschadet. Letztendlich müssen Eltern immer ganz allein und selbstverantwortlich entscheiden, was zu tun ist, indem sie Vor- und Nachteile gegeneinander abwägen.

Sehr wichtig ist es für Pflege- und Adoptiveltern, aber auch für Erzieher und Lehrer, sich mit der Bindungstheorie auseinanderzusetzen. Sie werden immer wieder nicht sicher gebundenen oder ambivalent gebundenen Kindern begegnen. Übersehen wird nur allzu oft, daß erst eine stabile Bindung oder Beziehung zu dem Kind Entwicklungsfortschritte ermöglicht. Es ist zwecklos und unsinnig, zuerst eine Verhaltensänderung zu erwarten und dann das Kind, weil es »brav« ist, als geliebt anzunehmen. Erst durch die bedingungslose Annahme, durch das allmähliche Aufbauen einer vertrauensvollen, verläßlichen Bindung ist Verhaltensänderung möglich. Niemals umgekehrt!

Feinfühligkeit, die solche Kinder bisher nie oder kaum erlebt haben, ist absolut notwendig, wenn man Entwicklungsfortschritte erreichen möchte. Vertrauen und ein Gefühl, daß es Geborgenheit unabhängig vom Verhalten geben kann, müssen erst über einen längeren Zeitraum erfahren werden, um die gewünschten Fortschritte und Verhaltensänderungen zu erreichen.

Nehmen wir einmal das Schicksal des kleinen Peter, den ich kenne. Seine Mutter verließ ihn, als er ein Jahr alt war. Sie war zu jung und fühlte sich der Belastung nicht gewachsen. Sein Vater, selbst in Heimen aufgewachsen und daher ganz von dem Wunsch erfüllt, seinem Sohn ein besseres Schicksal zu ermöglichen, nahm ein Jahr »Babyurlaub«. Trotz guter Vorsätze und enormem Einsatz fühlte er sich im Umgang mit dem Kind – Tag und Nacht – völlig überfordert. Er wollte so gut sein – und schaffte es einfach nicht. Der kleine Peter kam nach einem Jahr zu einer Tagesmutter, bei der er entsetzlich schrie. Nach wenigen Tagen zog der Vater die Konsequenz und meldete ihn ab. Nun erklärte sich die Schwester der Mutter bereit, die Betreuungsarbeit zu übernehmen, solange der Vater berufstätig war. Das ging gut. Bis auch sie keine Lust mehr hatte. Jetzt kam Peter in den Kindergarten, denn er war inzwischen schon drei. Eine Erzieherin dort verliebte sich regelrecht in ihn und bat den Vater, ihn als Pflegekind aufnehmen zu dürfen. Der Vater war zunächst erleichtert, denn bei seiner Schichtarbeit reichte die Betreuung im Kindergarten nicht aus. Als die neue Pflegemutter aber kaum noch bereit war, den Kontakt zum Vater herzustellen, und oft von Adoption sprach, meldete der Vater Peter wieder ab. Es war schließlich sein Sohn, um den er sich kümmern wollte.

Das Jugendamt suchte eine neue Familie für den inzwischen Vierjährigen. Aus unerklärlichen Gründen sollte der Vater in den ersten Wochen ebenfalls keinen Kontakt zum Kind haben. Die Mitarbeiter des Jugendamtes meinten, er würde sich so besser einleben. Peter begann einzukoten und reagierte extrem. Er fiel praktisch in eine Babyphase zurück. Die Pflegefamilie erklärte das Kind daraufhin für behindert (!) und brachte ihn zur »Abklärung« ins Krankenhaus. Peter ist nicht behindert – er zeigt nur deutlich, was er will: den Kontakt zu seinem Vater, der ihm in all den Jahren treu blieb und ihm verläßlich, wenn auch nicht täglich, seine Liebe zeigte. Vom Krankenhaus aus kam Peter in ein Heim, wo sein Vater ihn regelmäßig besuchte. Diesmal sollte eine neue Pflegefamilie sorgfältig gesucht werden. Noch mehr Wechsel sollte der Kleine nun nicht mehr erleben. Die Pflegefamilie wurde gefunden. Peter konnte einen Teil seiner »Entwicklungsverzögerung« aufholen. Inzwischen hat er auch lockeren Kontakt zu seiner Mutter, die ihm jedoch emotional wenig bedeutet. Sein Vater dagegen ist sein allerbester Freund, der ihn wöchentlich besucht.

Warum ich diese Geschichte erzählt habe? Sie drückt die Not vieler Eltern aus. Sie zeigt, wie Eltern geholfen werden könnte, indem man ihnen Helfer zur Seite stellt, ohne ihnen die Kinder gleich wegzunehmen. Kinder lieben ihre Eltern immer dann, wenn sie Kontakt zu ihnen haben, wenn das Band der Bindung nicht völlig abreißt. Zuverlässige Helfer, Tagesmütter, Pflegeeltern oder Erzieher müssen den Eltern an die Seite gestellt werden, wenn diese ihre Aufgabe nicht allein bewältigen. Kinder ganz von den Eltern zu trennen ist nie eine gute Lösung und nur in Extremfällen (bei Mißhandlung oder Mißbrauch) notwendig.

Eltern können sich ehrlich fragen, ob sie Hilfe brauchen und diese auch in Anspruch nehmen. Sie helfen dadurch nicht nur ihrem Kind und sich selbst, sondern auch nachfolgenden Generationen.

Menschen, die mit Kindern zu tun haben, können sich ihrer Verantwortung bewußt werden. Wer als Betreuungsperson dient, muß die Bereitschaft zu kontinuierlicher Arbeit über mehrere Jahre mitbringen. Dennoch kann immer wieder etwas »dazwischenkommen«. Es gibt keine absolute Sicherheit.

Was ist Bindung? fragt Katharina Zimmer in ihrem Buch *Warum Babys und ihre Eltern alles richtig machen* (Zimmer 1997, S. 107). »Liebe, antworten wir vielleicht spontan. Sich füreinander verantwortlich fühlen. Oder auch ganz schlicht, die Nähe eines Menschen brauchen. Sich in ihr geborgen, sicher fühlen. Glück, Freude miteinander empfinden, fürsorglich miteinander umgehen. Eine solche Bindung haben wir nur zu wenigen Menschen.

So ist es auch beim Baby. Nur hängt bei ihm, anders als beim Erwachsenen, viel mehr als Wohlbefinden und Glück davon ab. Für das Baby, das noch hilflos ist, steht ganz einfach das Leben auf dem Spiel. Darum sind auch die Verhaltensweisen, die Bindung erzeugen und erhalten, mit solcher Unfehlbarkeit im Kind angelegt – und zwar schon, wenn es auf die Welt kommt. Deshalb sind einige dieser Verhaltensweisen, wie Weinen und Sichanklammern, so heftig, so unabweisbar. Wir können einfach nicht anders: Wir müssen darauf reagieren, weil wir es sonst nicht aushalten würden.«

tauchen

hinter den türen schläft der alltag
ich hänge mich an einen luftballon
ich singe mit den kolibris
ich ertrinke in der weißesten welle
ich bin niemandem treu
und
um mitternacht höre ich die stimmen der wale
ich schmecke blau
und kühle
ich bin so einsam wie schon lange
nicht mehr

hinter den türen der kinderzimmer
schläft der alltag
und das leben

Das zweite Jahr – Das Wunder des aufrechten Gangs

Im zweiten Lebensjahr wird die Fähigkeit, aufrecht zu gehen, sicher erworben. 90 Prozent aller Kinder laufen mit 14 Monaten, und um den 16. Monat herum können es fast alle. Sind die ersten Schritte noch sehr wackelig und fällt das Kind oft in den Vierfüßlergang zurück, steht es doch immer wieder auf, wird nicht müde zu üben und erlangt schließlich jene Sicherheit, die bald selbstverständlich ist.

Es ist äußerst interessant zu beobachten, mit welchem Vertrauen Eltern diesem Prozeß in der Regel beiwohnen. Es scheint, als wüßten sie intuitiv, daß ihr Kind es besser ganz allein lernt. Eine gezielte Anleitung wäre sogar eher hinderlich. Selten werden im späteren Leben sogenannte Mißerfolge – wie das Fallen – so toleriert. Beim Laufenlernen bleiben Eltern zuversichtlich! Sie lächeln und freuen sich über jeden kleinen Erfolg. Umgekehrt sieht man dem Kind seinen Stolz an. Er treibt es an. In diesem Wechselspiel von Versuch, Ansporn, Freude und Stolz vollzieht sich Lernen. Ein kluger Kopf meinte sogar, wenn Kinder Laufen wie in der Schule lernen würden, nämlich mit Bewertung und nach festen Regeln und mit viel aufoktroyierter Disziplin – würden sie es niemals schaffen, sich auf zwei Füße zu stellen und loszulaufen.

Eltern wissen in der Regel, daß ihr Kind laufen lernen wird – und es ist schade, daß sie diese wunderbar vertrauensvolle Haltung oft nicht während der ganzen Kinderzeit durchhalten können.

Tatsächlich ist der aufrechte Gang ein Wunder allererster Ordnung. Zwei winzige Fußsohlen halten die Balance und bringen einen Körper ins Gleichgewicht, der mehr als zehnmal so viel wiegt.

Außerdem übt das Kind zahllose Varianten von Bewegung: Es kann eine Leiter hinaufklettern, eine Treppe hinaufsteigen, in etwas hineinsteigen und wieder herauskrabbeln, es erklimmt Möbelstücke und rutscht auf einer glatten Fläche hinunter. Alle diese Bewegungen helfen ihm, ein »Körperschema« zu entwickeln, eine innere Vorstellung vom eigenen Körper und seinen Funktionen, damit es diesen künftig gezielt und sicher einsetzen und benutzen kann. Komplexe Handlungen können geplant werden: Es schiebt zum Beispiel einen leichten Stuhl heran, um an ein Spielzeug zu gelangen, oder holt seine Schuhe herbei, wenn es nach draußen gehen möchte.

Wie reagieren Eltern auf den Forschungsdrang ihre Kleinkindes?

Lassen sie es gewähren und freuen sich über seine Kompetenz, oder schränken sie es ängstlich ein? Was wird erlaubt und was verboten? Worüber freuen sich Eltern und was lehnen sie ab?

Spätestens jetzt setzt in vielen Familien »Erziehung« ein. Das kleine Kind wird bewertet, verurteilt oder gelobt. Auf diese Weise wird Bindung erheblich beeinflußt. Außerdem ist das Verhalten der Eltern für die Herausbildung des Selbstwertgefühls entscheidend.

Jedes Baby wird mit dem Gefühl, wertvoll und »richtig« zu sein geboren, wenn es nicht in der Schwangerschaft erheblich abgelehnt wurde. Das Kleinkind, das seine körperliche und geistige Kompetenz erfährt, fühlt sich zufrieden und stolz über seine Fähigkeiten. Selbstvertrauen ist das natürliche Ergebnis seiner Erfahrungen. Seine Eltern bestärken es darin, indem sie es beobachten, an seinen Fähigkeiten teilnehmen und sich darüber freuen.

Aus dieser Perspektive gibt es keine »artigen« oder »unartigen« Kinder. Was immer das Kind tut, wird als Handlung eines von Geburt an »richtigen« Geschöpfes anerkannt. Seine natürliche Neugier und der Wunsch, Dinge selber zu tun, bestimmen seine Fähigkeit zu lernen. Entsprechend vertrauen diese Eltern auch in die natürlichen sozialen Fähigkeiten. Ein Kind, dem so vertraut wird, vertraut auch seinen Eltern. Es weiß, daß sie Verbote nicht ohne Grund aussprechen, und beachtet sie daher schnell. Es zieht seine Hand zurück, wenn wir zur Teekanne »heiß« sagen, und es schaut uns aufmerksam an, wenn wir ein bestimmtes »Nein!« verordnen. Wenn das Kind erfährt, daß unsere Verbote sinnvoll sind, weil die Teekanne wirklich heiß ist und das Ziehen am Schwanz des Hundes wirklich gefährlich, wird unsere Bindung weiter verstärkt. Auch in dieser Beziehung erlebt das Kleinkind Verläßlichkeit: Ja – du darfst den Topfschrank ausräumen! Nein – die Kerze ist gefährlich!

Später wird es ausprobieren, wie ernst wir unsere Verbote meinen, und genau hinhören, ob in dem Nein nicht auch eine Portion Ja enthalten ist.

Zu viele Verbote und Einschränkungen machen ein Kind unzufrieden. Es kann nicht verstehen, warum es den Hausschlüssel nicht haben darf, warum es in der Pfütze nicht rühren und das Klettergerüst nicht erklimmen darf. Ein Kind, das ständig in seinem Forschungsdrang gehindert wird, fängt an, sich falsch zu fühlen. Wenn es dann noch gestraft, geschlagen oder eingesperrt wird, bekommt die Bindung gefährliche Risse. Das Kind fühlt sich unsicher: Mögen mich meine Eltern noch, wenn ich so viel »falsch« mache? Es schreit, protestiert und resigniert schließlich. Es macht sich »dumm«, um zu überleben.

Auch unsichere Bindung verhindert den natürlichen Explorationsdrang des Kleinkindes. Wenn ein Baby die Unzuverlässigkeit oder Wut seiner Eltern über Monate erlebt oder gar verlassen wird, verliert es immer mehr Interesse an seiner Umwelt. Entwicklungsverzögerungen treten ein. Es lernt später, sich zu bewegen, zu laufen und zu sprechen als sicher gebundene Kinder.

So kann es uns auch nicht wundern, daß die Kinder auf den Trobriand-Inseln besonders früh und mutig auf ihre Umwelt zukrabbeln, alles mögliche erkunden und herausfinden. Sie hatten in den ersten Monaten ihre Mutter Tag und Nacht eng bei sich.

Es ist sicherlich nicht leicht, ein temperamentvolles Kleinkind zu hüten. Es ist verständlich, es vor Gefahr beschützen zu wollen. Aber es gibt keine Alternative: Ein Kind kann sich nur durch Erfahrung entwickeln. Es muß hinfallen, um laufen zu lernen, es muß erschrecken, um vorsichtig zu werden.

Haben wir es umgekehrt mit einem unsicher gebundenen Kind zu tun, sind alle »Lernprogramme« wirkungslos, wenn nicht zuerst eine sichere Bindung hergestellt wird. Ein Kleinkind muß vertrauen können, bevor es lernen kann. Immer wieder können wir von Kindern hören, die enorme Entwicklungsfortschritte machten, weil sie durch Pflegeeltern, eine liebevolle Erzieherin, Lehrerin oder andere Personen nachträglich eine sichere Bindung herstellen konnten.

läßt los...

hände
verschlungen
einander berührend
weiblich
männlich
dazwischen
zwei kleine
lassen nicht los
sind *ein* blut
und warme haut
wankt nicht
in den schritten
das vertrauen
woher DU auch kommst
gehst jetzt aufrecht

auf dem rasen ein bunter vogel
eine kleine hand
läßt los

Der Mensch braucht Menschen

Jeder Mensch ist von Geburt an ein soziales Wesen. Wie wir gesehen haben, interagiert schon das Neugeborene spontan mit seinen Eltern.

Wenn Erzieher heute so oft über Kinder klagen, die sich nicht sozial verhalten, müssen wir überlegen, woran das liegt. Auch in dieser Frage gibt uns die Bindungstheorie eine klare Antwort: Sicher gebundene Kinder verhalten sich von Natur aus sozial. Wie wir von den Yequana und von den Kindern der Trobriand-Inseln wissen, kümmern sich dort ältere Kinder selbstverständlich um ihre Geschwister, das menschliche Miteinander verläuft friedlich und gemeinschaftlich. Sobald das kleine Kind sich von seiner Mutter fortbewegen kann, beginnt es sich in die Gruppe der Kinder einzufügen und wird immer mehr zu ihrem Teil. Kinder spielen mit Kindern, werden von Erwachsenen aber immer dann empfangen, getröstet und ernährt, wenn sie es nötig haben.

Ganz anders bei uns. In der Regel lebt das Kleinkind allein mit seiner Mutter. Wer sich jemals den ganzen Tag mit einem kleinen Kind beschäftigt hat, weiß, wie anstrengend das ist. Tag für Tag diese Arbeit zu tun ist meines Erachtens nicht nur unnatürlich, sondern auch nervenaufreibend. Keine Frau auf den Trobriand-Inseln käme auf die Idee, tagtäglich mit ihrem Kind Bausteine übereinanderzutürmen oder Metallautos hin- und herzuschieben und dabei brmmm brmmm zu machen. Was tun die Mütter dort? Sie sind mit anderen Müttern zusammen und gehen ihrer Arbeit nach, während ihre Kinder gemeinsam spielen.

Für mich steht fest, daß wir ähnliche Lebensformen auch in Zukunft wieder anstreben sollten. Als mein ältester Sohn eineinhalb Jahre war, zogen wir mit einer anderen Familie zusammen in eine große Wohnung. Unsere Kinder konnten täglich gemeinsam spielen und abwechselnd von uns betreut werden. Fünf Jahre lang waren wir so eine große Familie und konnten berufstätig sein und uns trotzdem auf unsere Kinder freuen und natürlich auch mit ihnen spielen.

Isolierte Mütter, die Tag für Tag allein mit ihren Kindern leben, werden früher oder später wütend. Die Kinder beziehen diese Wut dann auf sich, beginnen, sich schlecht und unsicher zu fühlen, und verhalten sich später – wenn keine Hilfe da ist – auffällig und »unsozial«.

Zufriedene Mütter haben zufriedene Kinder. Das kann man leicht beobachten. Es ist natürlich ein erheblicher Kraftakt, sich eigene Unzufriedenheit einzugestehen und daran etwas zu ändern. Es gehört auch eine Menge Mut dazu.

Wenn ich jungen Eltern heute jedoch einen Rat geben würde, dann ist es der, sich mit anderen zusammenzutun, Kontakte herzustellen und sich in der Kinderbetreuung zumindest stundenweise abzuwechseln.

Ich hörte einmal von einer amerikanischen Idee, derzufolge sich Frauen zusammentaten, um gemeinsam ihre jeweiligen Wohnungen zu putzen. Ich finde diese Idee großartig, besonders wenn ich mir vorstelle, daß die Kinder in dieser Zeit gemeinsam spielen. Um sie zu verwirklichen, müssen die Kinder zunächst untereinander und zu den jeweiligen Müttern eine stabile Bindung herstellen.

Solange ein Kind klammert, nützt es gar nichts, seine Unabhängigkeit erzwingen zu wollen, sondern im Gegenteil: Man muß diesem Kind zunächst noch mehr Sicherheit geben. Feinfühligkeit und Zuverlässigkeit sind auch hier die geforderten Kompetenzen. Erst wenn ein Kleinkind fühlt, daß es sich auf seine Eltern vollkommen verlassen kann, wird es sie auch loslassen.

Schuldgefühle auf seiten der Mütter oder Väter können auch Kontakte verhindern. Eine überforderte Mutter, die leicht wütend wird, ihr Kind anschreit oder sogar schlägt, fühlt sich immer schlecht und schuldig. Sie schämt sich, möchte anders sein – und kann es doch nicht. Aufgrund dieser Scham und Schuld wird sie sich noch mehr verkriechen, Kontakte eher meiden und noch mehr in die Sackgasse der Wut und Verzweiflung gelangen. Durch diese Erfahrung, die das Kleinkind sensibel und wach miterlebt, wird es verunsichert, versucht auf seine unbeholfene und oft nicht zu verstehende Art der Mutter zu helfen, provoziert sie noch mehr oder bleibt in der Entwicklung zurück. Wenn die Mutter dieses Verhalten nicht versteht, wird ihre Ablehnung wachsen.

Wie können Eltern aus diesem unguten Kreislauf ausbrechen?

Der erste Schritt ist, die eigene Unzufriedenheit zu bemerken und mit jemandem darüber zu reden, dem man vertraut. Dabei sollte sich jede Mutter und jeder Vater darüber im klaren sein, daß ein persönliches Schuldgefühl lediglich das Signal dafür ist, etwas zu verändern. Es gibt keine Schuld, für die man bestraft werden müßte. Es wäre zu einfach, die Unzulänglichkeit, die Eltern oft empfinden, als ihr persönliches Versagen abzutun. Viel sinnvoller ist es, nach praktikablen Lösungen zu suchen.

Der zweite Schritt besteht also im Finden von Lösungen. Ich habe die Familie, mit der wir damals zusammenzogen, über eine Anzeige kennengelernt. Ich suchte nach einer Frau, die sich mit mir eine Tagesmutter teilen wollte, und lernte, noch während der Schwangerschaft, Ursula kennen. So sind sich unsere Söhne, inzwischen längst größer als wir selbst und noch immer befreundet, schon im Embryonalzustand begegnet.

Andere Mütter haben gute Freundinnen über Rückbildungsgymnastik, Gruppen mit dem Prager-Eltern-Kind-Programm oder Babyturnen gefunden. Sogar über einen Aushang im Supermarkt kann man Mütter in ähnlicher Lage kennenlernen. Ein Kind freut sich immer über andere Kinder, auch wenn diese nicht gleich alt sind.

Mütter brauchen Menschen, um sich auszutauschen, ihre Sorgen, Beobachtungen und ihre Freuden zu teilen, ihren Stolz auszudrücken und um Tips zu erhalten und weiterzugeben.

Kinder brauchen Kinder, um gemeinsam zu spielen, soziales Verhalten zu üben und Konflikte lösen zu lernen. Sie brauchen Kinder, um Witze zu machen, gemeinsam zu lachen, Geheimnisse zu haben und Spiele zu erfinden. Die wortlose Verständigung ist dabei oft ganz ausgezeichnet.

Wenn Mütter entlastet sind, kann sichere Bindung leichter geschehen. Der Mensch ist ein Gruppenwesen und nicht für die Einsiedelei geboren. Der Mensch braucht Menschen.

Zurück

Du klammerst Dich an mich.

Du stehst schon fest auf dem Boden, aber Deine Ärmchen umschlingen meine Beine.

Du bist ganz still.

So still, daß alle Dich suchen.

Sie rufen Deinen Namen.

Kleiner Liebling, Deinen Namen und sie suchen Dich schließlich bei mir.

Dein Scheitel stößt an meinen Schoß.

Auch ich stehe ganz still.

Es ist ein ganz normaler Tag. Wieder rufen alle Deinen Namen.

Du bist weg.

Ich drücke Deinen blonden Schopf ganz eng an mich.

Plötzlich weinst Du laut auf.

Was geschieht in Dir?

Niemand versteht jetzt, warum Du weinst. Eben war alles noch so fröhlich, so hell und unbeschwert.

Niemand nimmt Deine Schluchzer ernst.

Ich halte Dich, mein kleiner Schatz, halte Dich weiter in meinem Schoß, auch wenn Du nun kräftig in einen großen Apfel beißt und heiter jedem Dein Bilderbuch zeigst.

Du bist wieder hier.

Im Raum.

In der Zeit.

Draußen ist der Winter, und der erste Schnee bedeckt Deinen Sandkasten.

Ich bin ganz ruhig und sehe Dich noch eine Weile an, während Du schon wieder durch das Zimmer tobst.

Ich verstehe Dich, mein Engel, ich verstehe Deine Schluchzer; befremdend, verzweifelt . . . einmal, einmal noch möchtest du zurück, ohne es wirklich zu wissen, möchtest Du zurück in meinen Schoß, in die Wärme und Dunkelheit, in dieses Nicht-Wissen und unendliche Geborgensein.

Einmal, und sei es auch nur für einen Augenblick.

Wir beide spüren den Schmerz der Trennung, ist sie doch end-gültig und nur für Momente aufhebbar ...

Ängste im zweiten Lebensjahr

Mir fällt immer wieder auf, daß Kinder im zweiten Lebensjahr oft besonders schlecht schlafen oder nachts schreiend aufwachen. Viele Eltern und Kinderärzte führen das auf den Durchbruch der Backenzähne zurück, was sicherlich auch ein Grund ist. Aber ich glaube auch, daß Ängste in dieser Lebensphase eine große Rolle spielen. Wenn das Kind anfängt, sich aufzurichten, erweitert sich seine Perspektive erheblich. Es sieht und erlebt viel mehr. Es beginnt, den Raum nicht nur in horizontaler, sondern auch in vertikaler Richtung zu erforschen, indem es klettert, in Höhlen oder Vertiefungen hineinkriecht oder durch Tunnel krabbelt. Alle diese neuen Erfahrungen prägen sein Selbstwertgefühl und tragen dazu bei, daß sich das Kind als individuelle, selbständige Person wahrnimmt. Das Versteckspiel ist in diesem Alter eine sehr wichtige Beschäftigung. Das kleine Kind erlebt, daß es Dinge und Personen verschwinden und wieder hervorzaubern kann, daß es Gegenstände hinterherziehen, herausziehen und hin- und herbewegen kann. Es kann auch Lärm machen und auf Gegenstände einschlagen. Es muß sich mit ersten Verboten auseinandersetzen und darf – hoffentlich – eine bisher nicht gekannte Freiheit im Erforschen der Umwelt genießen. All diese neuen Aktivitäten machen ein kleines Kind glücklich und stolz – aber auch ängstlich und verzagt.

Es sieht vieles, was es nicht versteht, und kann nicht nachfragen.

Es hört vieles und kann doch nicht alles verstehen. Es drückt viel aus und kann sich doch nicht immer verständlich machen. Das alles macht auch Angst.

Ich finde es deshalb ganz normal, daß Kinder zwischen eins und zwei nachts aufwachen und zum Teil entsetzlich schreien. Wissen wir, was sie geträumt haben, welche Ängste sie quälen?

Jedes Kind kann schlafen lernen ist der Titel eines Buches, das hilflose Eltern sicherlich gern lesen. Ich persönlich halte allerdings nicht viel von den dort beschriebenen Methoden. Ich finde es natürlich, auch nachts für kleine Kinder da zu sein. Das ist am einfachsten, wenn man gemeinsam schläft.

Wenn Sie nicht wollen, daß Ihr Kind mit im Ehebett liegt, kann ich eine andere Methode empfehlen: Kaufen Sie für Ihr Kleinkind ein großes Bett und legen Sie sich nachts, wenn es aufwacht, zu ihm. Ich finde, daß man sich auf diese Weise viel Ärger und Frust erspart, sein Liebesleben genießen und einigermaßen gut schlafen kann. Aus meiner Erfahrung kann ich Ihnen versichern, daß alle Kinder irgendwann durchschlafen – auch wenn Sie es jetzt nicht glauben können!

Einem dreijährigen Kind kann man auch schon erklären, daß man nachts gern allein und ungestört schläft. Ein Kind von einem Jahr versteht das ganz sicher nicht. Es spürt unseren nächtlichen Ärger sehr wohl – kann ihn aber nicht einordnen oder richtig interpretieren. Katharina Zimmer schreibt:»Je stärker und früher wir Kinder in die Unabhängigkeit und emotionale Einsamkeit drängen, desto unsicherer sind sie und desto länger bleiben sie unselbständig.« (Zimmer 1999, S. 176)

Auch ein Blick in die Natur zeigt uns, daß zum Beispiel Schimpansen und andere Säugetiere in diesem Alter – wenn sie kaum noch Milch trinken – doch immer noch bei ihren Eltern schlafen. Selbst eine Glucke nimmt ihre schon mit Federn ausgestatteten Hühnchen noch unter die Flügel.

Nun – Sie sind weder eine Schimpansin noch eine Glucke. Sie können auch anderer Meinung sein. Das Beispiel meiner Tochter zeigt mir persönlich allerdings immer wieder, daß es gut war, meinem Gefühl zu trauen und mich nicht verunsichern zu lassen von Leuten, die mir prophezeiten, sie würde ein verwöhntes kleines Biest werden. Als jüngstes Kind und einziges Mädchen spielte sie in unserer Familie zwangsläufig eine besondere Rolle. Und natürlich schlief sie nicht durch –

wie keines meiner Kinder. Bis zu ihrem fünften Lebensjahr legte ich mich jede Nacht zu ihr, wenn sie aufwachte, und bis zu ihrem zehnten Lebensjahr hatte sie beim Einschlafen gern einen Menschen in ihrer Nähe, zum Beispiel im Nebenzimmer. Das konnte auch ihr großer Bruder oder eine andere bekannte Person sein.

Heute ist meine Tochter im Alter von zwölf ausgesprochen sozial veranlagt, hilfsbereit mir gegenüber und hat sogar schon einen Job als Babysitter bei den Nachbarn. Sie übernachtet gern und oft bei ihren Freundinnen und ist auch sonst sehr selbständig.

Ich kenne viele Kinder von Freunden, die nach sehr anhänglichen Phasen ebenfalls unabhängig und selbständig wurden. Der Weg geht immer von der Bindung zum Loslassen – nie umgekehrt.

Steve Biddulph betont, daß Jungen ganz besonders auf feste, enge Bezugspersonen angewiesen sind, weil sie stärker als Mädchen unter der Trennung von ihrer Mutter leiden (vgl. Biddulph, S. 16).

Was bedeutet aber in diesem Zusammenhang *überbehüten*?, fragen Sie sich jetzt vielleicht.

Überbehüten bedeutet, ein Kind, das sich von uns lösen will, nicht loszulassen.

Wenn ein Kleinkind zum Beispiel in einem Park von uns wegläuft, sollten wir es laufen lassen. Wenn es im Sandkasten auf andere Kinder zugeht – auch auf die Gefahr hin, daß es geschubst wird oder daß man ihm seinen Sandeimer klaut, sollten wir ihm diese Erfahrung ermöglichen. Wir können nämlich nicht Erfahrungen *für* unser Kind machen. Es muß selber erforschen dürfen, was im Leben passiert, wie Tiere, Menschen und Materialien sich verhalten.

Daß wir es dabei vor Lebensgefahr schützen müssen, ist wohl selbstverständlich.

Wenn Sie Ihr Kleinkind nachts zu sich nehmen, weil es weint, ist das kein Überbehüten, sondern trösten. Natürlich können Sie auch an sein Bett eilen und es dort eine

Weile streicheln und beruhigen, wenn Ihnen das lieber ist.

Wenn Sie Ihrem Kind immer wieder Sicherheit geben, indem Sie zuverlässig für es da sind, wird es seine natürlichen Ängste schneller überwinden. Es erfährt die Welt als einen guten Ort, sein Zuhause als einen Platz, an dem man Geborgenheit und Trost erfährt.

Ich finde Worte

Schon im Mutterleib hört der Fötus die Stimmen seiner Eltern und reagiert mit wortlosen Signalen. Kommunikation findet also schon vor der Geburt statt, indem das Ungeborene strampelt, boxt oder sich ganz ruhig verhält und damit auf das reagiert, was es durch seine Mutter hindurch erlebt.

Ist das Baby geboren, nimmt es über die Augen und Sinne Kontakt mit uns auf. Wenn es seine ersten Töne von sich gibt, neigen Eltern intuitiv dazu, sie nachzuahmen. Ja – Sie haben ganz richtig gelesen: Es ist nicht nur so, daß Kinder ihre Eltern nachahmen – sondern auch umgekehrt! Solche »Frühdialoge« gibt es nur bei Menschen, sie sind Teil unseres spezifischen Bindungsverhaltens. Zwischen Eltern und Kind findet ganz von selbst ein feines Zusammenspiel statt, es ergibt sich eine Vielzahl kleiner Lernsituationen, die automatisch der Aufnahmebereitschaft des Babys und seinen jeweiligen Fähigkeiten angepaßt sind und von Anfang an der Sprachförderung dienen. Geradezu bezaubernd sind Fotos und Videoaufnahmen, die zeigen, daß Neugeborene, wenn sie senkrecht im Abstand von 20 cm vor ein menschliches Gesicht gehalten werden, die Mimik – etwa das Herausstrecken der Zunge – nachahmen. Ob Eltern die Windeln wechseln, spazierengehen oder das Baby stillen – alles hat kommunikativen Wert, und alles dient dem Spracherwerb.

Je anspruchsvoller das gemeinsame Tun zwischen Eltern und Kind wird, desto mehr sind sie auf Sprache angewiesen.

Normalerweise begleiten Eltern ihr Tun mit Worten. »So, mein Schatz, jetzt ziehe ich dir deine Hose an, ja?« Auch wenn das Kind die Worte nicht versteht, es reagiert doch auf den Klang und nimmt die dahinterstehende Absicht und Gefühle wahr. Wie Sie wissen, findet Kommunikation zu mehr als 80 Prozent ohne Worte statt. Man kann ein Ja wie ein Nein aussprechen, und wenn man mit ärgerlichem oder haßerfülltem Gesicht: »Ich liebe dich!« sagt, kommt die Botschaft so an, wie sie ausgedrückt wird. Worte sind zweitrangig.

Jetzt, im zweiten Lebensjahr, kann der kleine Mensch sich gezielt verständigen, auch wenn er zunächst nur wenige Worte sprechen kann. Mit Gesten, Mimik, Körperhaltung und Silbendoppelung macht er seiner Umwelt klar, was er möchte und wünscht. Das Kind und seine Eltern können anfangen, Pläne zu schmieden und ihr Zusammensein und ihre Trennung auch verbal zu regeln. Eltern sind jetzt nicht mehr nur Bindungspersonen, sondern stellen immer mehr einen Zugang zu unserer Kultur her, indem sie Verbote aussprechen, Umgangsformen vorleben und in neue Lebensbereiche bewußt einführen. Ging es im ersten Lebensjahr überwiegend um die Vermittlung von Geborgenheit und Vertrauen, gibt es jetzt häufiger Konflikte um die Unabhängigkeit und Selbständigkeit des Kindes, die auch mit Worten geregelt werden. »Nein, du darfst nicht allein über die Straße laufen. Da fahren Autos!« »Du möchtest allein essen? Bitte, hier ist dein Löffel.«

Sehr deutlich können Kinder in diesem Alter auch Gefühle ausdrücken.

So signalisierte mir meine Tochter mit einem Jahr, daß sie Angst vor einer Holzfigur hatte, die auf dem Regal stand. Mit ängstlichem, weinerlichem Gesicht zeigte sie – begleitet von »da-da-da!« – so lange darauf, bis ich sie wegstellte. Jedes

Kind kann in diesem Alter auch deutlich machen, was es mag und was es nicht mag, ob es satt ist, Hunger hat oder müde ist. Stolz über eigene Leistungen und Freude über etwas Erreichtes stehen den Kleinen häufig ins Gesicht geschrieben. Es macht sie auch froh, wenn wir das, was sie uns mitteilen, in vollständige Sprache übersetzen: »Nane! Nane!« »Du willst eine Banane haben? Bitte schön!« »Da – Auto.« »Ja, da kommt ein Auto! Ein rotes Auto.«

Mit dem Wort »Mehr!« drücken sie schon bald aus, daß sie Wiederholungen lieben und sich immer wieder an den gleichen Sprachspielen, Reimen oder Fingerspielen freuen können.

Wir tun unseren Kindern auch einen großen Gefallen, wenn wir ihnen die von uns wahrgenommenen Gefühle mit Worten ausdrücken helfen. »Jetzt bist du enttäuscht, weil Papa zur Arbeit muß. Das kann ich gut verstehen.«

»Du bist wütend, weil du deinen Schuh nicht anbekommst. Komm, ich helfe dir ein bißchen!« »Das Mädchen hat dich gehauen? Das tut weh.« (Vater tröstet das Kind im Arm.) »Komm, wir fragen, ob sie dir deine Schaufel zurückgibt.«

»Ja, Bravo! Das hast du ganz allein geschafft. Nun freust du dich, nicht wahr?«

Kinder wollen vor allem wahrgenommen werden. Indem wir sie mit unserer Achtsamkeit begleiten und ihre Gefühle bestätigen, helfen wir ihnen, Selbstvertrauen zu entwickeln, sich gut und geliebt zu fühlen. Dieses gute Gefühl – ich denke, es ist das Schönste, das Menschen haben können – wird sie ein Leben lang begleiten, beschützen und trösten.

Kinder verstehen in diesem Alter auch viel mehr, als sie ausdrücken können. Ich erinnere mich zum Beispiel an eine Situation, in der ich einer Freundin über ein Bilderbuch erzählte, das mir besonders gut gefiel. Mein ungefähr eineinhalbjähriger Sohn lief daraufhin zum Regal und holte genau dieses Buch. Ohne Aufforderung zeigte er es ihr mit Stolz.

Eltern sollten das berücksichtigen, wenn sie über ihr Kind und andere Dinge reden. Das Drama der Kinder zwischen eins und zwei ist nach meiner Meinung, daß sie viel mehr verstehen, als manche Eltern ihnen zutrauen. Sie werden dann oft mit dem Gehörten alleingelassen, weil sie nicht nachfragen oder es sich selbst erklären können. Das macht Angst. Gerade wenn Eltern sich über ihr Kind beklagen oder von ihrem Genervtsein erzählen, kann das Kleinkind erheblich verunsichert werden. Es versteht genau, um was es geht!

In familientherapeutischen Sitzungen konnten wir immer wieder beobachten, daß schon Säuglinge bei bestimmten Themen schrien oder Kleinkinder im Spiel verstummten, weil sie spürten, daß gerade eine sehr wichtige Frage besprochen wurde. Immer wollen Kinder ihren Eltern helfen, Probleme zu lösen. Sie sind von Natur aus kooperativ.

Durch die Sprache kann das Band der Bindung noch einmal verstärkt werden. »Ich liebe dich!« ist vor allem ein Gefühl, das sich für kleine Kinder in konkretem Tun ausdrückt. Wenn wir ein Kind auf dem Arm herumtragen, es zuverlässig und liebevoll versorgen und ihm gut zureden, *fühlt* es, daß es geliebt wird. Durch Worte erhalten die Gefühle einen neuen Ausdruck und zusätzliche Glaubwürdigkeit. Eltern und Kinder können sich jetzt noch besser mitteilen und erklären. Aber ohne das Einfühlungsvermögen der Eltern, ohne ihre Bereitschaft, auf das Kind geduldig einzugehen, würde die Verständigung sehr schwerfallen. Ja, das Kind würde entmutigt.

Fortschritte im Sprachverhalten können – wie alle anderen Entwicklungsfortschritte auch – nur aus der sicheren Geborgenheit einer festen Bindung geschehen. Nur im zuverlässigen Austausch von Signalen, Handlungen und gesprochenen Worten entfaltet sich der Spracherwerb.

Kinder, denen die sprachliche Zuwendung verweigert wird, lernen, wenn eine bestimmte Altersgrenze überschritten ist, niemals mehr sprechen. Wir wissen das von Wolfskindern und einem Fall aus den USA, in dem ein Mädchen zwölf Jahre lang wie ein eingesperrtes Tier gehalten wurde. Es gibt kein Förderprogramm, das die zwischenmenschliche Beziehung ersetzt. Das Band der Liebe ist die Grundlage jeder natürlichen Entwicklung und so auch der Sprache.

»Die Fähigkeit, Aufforderungen und Bitten auszudrükken, ist in der kindlichen Geistesentwicklung ein Meilenstein auf dem Weg zum verfeinerten sozialen Umgang mit anderen. Denn hier geht es um mehr, als nur Sprache an sich zu lernen. (Vielleicht gibt es ›Sprache an sich‹ überhaupt gar nicht.) Es ist ein Schritt in die Kultur.« (Zimmer 1999, S. 199)

Zu dieser Kultur gehört auch, alles auszusprechen oder zu schweigen, etwas vorzutäuschen oder zu lügen. Kinder haben ein feines Gespür dafür.

Eltern haben oft nicht gelernt, ihre Gefühle offen zu benennen. Es ist üblich, anderen Vorwürfe zu machen, anstatt sich der eigenen Gefühle und der eigenen Verantwortung dafür bewußt zu werden.

Gleichzeitig besteht jetzt, da Ihr Kind so viel Interesse an Sprache hat, die große Chance, sich über eigenes Verhalten bewußt zu werden. Wir tun nicht nur unseren Kindern, sondern auch uns selbst und unseren Partnern einen großen Gefallen, wenn wir Gefühle benennen, ohne andere dafür verantwortlich zu machen, wenn wir uns auch sprachlich in Übereinstimmung mit unseren Gefühlen äußern. Wir sagen dann zum Beispiel *nicht:* »Du hast mich jetzt traurig gemacht!« oder »Weil du nicht essen willst, bin ich sauer!«

Sondern: »Ich weine, weil ich traurig bin. Ich fühle mich erschöpft.« Oder »Jetzt bin ich wütend! Von dem Geschrei tun mir schon die Ohren weh!«

Wenn wir immer von uns selbst reden, verletzen wir andere nicht.

Im zweiten Lebensjahr schaut sich das kleine Kind gern einfache Bilderbücher an. Es erkennt, daß hier Gegenstände aus seiner realen Umwelt abgebildet sind, und freut sich am

Wiedererkennen. Das ist eine beachtliche Abstraktionsleistung.

Auch lernt es bald, daß so unterschiedlich aussehende Hunde trotzdem »wauwau« sind und so unterschiedliche Formen und Marken »Auto«.

Beim Anschauen erster Bilderbücher können wir das Prinzip von Binden und Loslassen auch wieder deutlich wahrnehmen: Zuerst muß ein Sprachkundiger, der eine liebevolle Beziehung zum Kind hat, das Buch mit ihm zusammen betrachten. Erst wenn das mehrmals geschehen ist und das Kind das Buch kennt, wird es sich auch allein damit beschäftigen. Sobald es sich immer häufiger selbständig Bilderbücher anschaut, erhalten Eltern ein Stück Freiheit zurück, können loslassen. Ich vergleiche dieses Vorgehen gern mit Investitionen. Das Kind zahlt uns die Zeit, die wir in seine Entwicklung investieren, mit hohen Zinsen zurück.

Fernsehen bedeutet für Kinder dieses Alters keine Sprachförderung. Die Bilder wechseln hier viel zu schnell, und das Kind kann nicht selbst bestimmen, wie lange es bei einem Bild verweilen möchte. Diese Selbstbestimmung und das selbständige Finden des eigenen Rhythmus ist jedoch für sein Lernen in allen Bereichen entscheidend.

Außerdem fehlt die persönliche Zuwendung. Das Medium Fernsehen fasziniert Kinder zwar, kann aber keine Bindung herstellen. Der Fernseher ist daher ein schlechter Babysitter, der kleinen Kindern langfristig schadet, besonders im Sprachverhalten.

Erzieher klagen überall über sprachentwicklungsverzögerte Kinder. Logopäden haben starken Zulauf, sie führen die zahlreichen Sprachbehinderungen auf den zu hohen und zu frühen Fernsehkonsum ihrer kleinen Klienten zurück.

Interessant ist auch, daß Mädchen und Jungen sich in diesem Alter oft deutlich verschieden entwickeln bzw. von ihren Eltern offenbar auch unterschiedlich behandelt werden. Nach Biddulph bringen Eltern kleinen Töchtern mehr

Zärtlichkeit entgegen und reden mit ihnen mehr als mit kleinen Jungen. Entsprechend unterschiedlich verhalten sie sich: »Im Kleinkindalter sind Jungen beim Spielen eher in Bewegung und nehmen mehr Platz für sich in Anspruch. Sie finden eher Gefallen daran, an Objekten herumzubasteln und sie zu manipulieren – etwa wenn sie mit Bauklötzen Hochhäuser bauen, während Mädchen mit ihren Bauten nicht so hoch hinauswollen ... Das Interesse der Mutter und der Spaß, den sie daran hat, mit ihrem Sohn zu sprechen und ihm etwas beizubringen, trägt dazu bei, daß sein Gehirn mehr sprachliche Fähigkeiten entwickelt.« (Biddulph, S. 16 f.) Ohne diese besondere Zuwendung, so Biddulph, bleiben Jungen in der Sprachentwicklung hinter Mädchen zurück.

Wenn diese Behauptung des australischen Familientherapeuten auch auf europäische Kinder zutrifft, ließe sich leichter erklären, warum es zum überwiegenden Teil Jungen sind, die im Kindergarten durch aggressives Verhalten auffallen und zurechtgewiesen werden. Unsichere Bindung und verzögerte Sprachentwicklung machen den kleinen Jungen hilflos und verwirrt, so daß er manchmal keine andere Möglichkeit sieht, als zu zerstören und um sich zu schlagen.

Umgekehrt können wir davon ausgehen, daß der Sohn, der eine stabile Beziehung zu beiden Eltern hat und sich geborgen fühlt, nicht nur im Kindergarten, sondern auch in der Schule und im späteren Leben erfolgreich Probleme lösen wird und sich anderen Menschen liebevoll zuwenden kann. Alle entsprechenden Langzeitstudien (vgl. Grossmann, S. 518 f.) beweisen, daß die Kleinkinder, die mit zwölf Monaten als sicher gebunden eingestuft wurden, sich selbst im späteren Leben als liebenswert erlebten und sich entsprechend verhielten. Im Kindergartenalter wurden sie als »ausgewogene Persönlichkeiten« von ihren Erzieherinnen bewertet. Und im Erwachsenenalter fühlten sie sich zufrieden mit ihrem Leben, hatten Freunde, ein »soziales

Netz« und eine erfreuliche Lebensperspektive. Ein besseres Geschenk können Eltern ihren Kindern nicht mit auf den Lebensweg geben.

Zauberworte

Schaukeln – das ist ein Zauberwort.

Schaukeln vereint, es vertreibt im Nu den Schmerz über einen Sturz oder den vom Bruder geklauten Keks.

Schaukeln erinnert . . .

Erinnert an das Gehen, das Ihr im Mutterleib gespürt habt, an das endlose, fast schon monotone Summen und Wiegen der ersten Monate . . .

Zurück also ins Paradies wenn Ihr auf der Schaukel sitzt.

Auch für mich.

Das ist Frieden, Ruhe.

Wir können dem Wind lauschen, und den Vögeln.

Ich fliege bis in den Himmel hinein, ruft der blonde Junge.

Das Mädchen legt den Kopf in den Nacken und schließt die Augen.

Ich singe. Ohne Grund, ohne Pause, immer dieselbe Melodie immer im Rhythmus der Schaukelbewegung.

Du, mein kleiner Prinz, entdeckst einen Vogel im Baum . . . nun bist Du endlich so frei und leicht wie er . . .

Wir singen alle Vogellieder, die wir kennen

Kommt ein Vogel geflogen

Zwei Vögel wollten Hochzeit machen

Uns werden noch mehr einfallen, während wir fliegen bis zu den Wolken, den grauen und den weißen.

Ganz hoch jetzt.

Kichern.

Quietschen. Da ist dieses Kullern und Kitzeln im Bauch.

Hoch und runter.

Hoch und runter.

Ich habe vergessen, wie lange ich euch schon anschubse.

Da sind noch rote Erdbeeren . . . schau, Mama, ein Käfer.

Von da oben seht Ihr Dinge, die Ihr sonst nicht seht.

Im Schaukeln.

Wagemutig stehst Du jetzt auf dem Brett.
Ni-b-atschi-ni-ba-tschi-ni-bu – und raus bist Du
ist das Stichwort.
Sanft summen, wiegen, Wiederholung des Mutterleibes, Ihr
beide in einem Boot...
Du erzählst mir, warum du heute beim Zahnarzt nicht den
Mund geöffnet hast...
Du träumst von Rotkäppchen und dem Pfefferkuchenhäus-
chen im Wald.
Der Wald ist dunkel.
Ich singe wieder.
Hänsel und Gretel verliefen sich im Wald...
Die Hexe ist manchmal auch nicht böse.
Wenn ich schimpfe, schmerzt es mich selbst.
Auf der Schaukel gibt es keine Strafe und keine Belohnung.
Selber springen, sagst Du und streckst gleichzeitig die Arme nach
mir aus.
Deine kleine Schwester folgt dir...
Jetzt seid Ihr irgendwo hinter den Rhododendronbüschen.
Ich bin bei der Schaukel stehengeblieben.
Sie bewegt sich noch leicht.
Später, beim Gutenachtkuß erzähle ich Dir von *morgen.*
Das ist ein Ritual und vertreibt die Angst, nie wieder aufzuwa-
chen.
Es gibt ein *Morgen,* ich verspreche es Dir.
Morgen, morgen, wiederhole ich, *schaukeln wir wieder*
Ni-ba-tschi-ni-ba-tschi ni-bu ... klingt fast so wie *hei-tschi-bum-*
bei-tschi bum-bum
Etwas Helles huscht im Halbdunkel über dein kleines rundes
Gesicht.
Der Schlaf ist nicht mehr schlimm.
Es gibt ja die Schaukel – wirklich.

ICH – die Entdeckung des Selbst

Wie jeder beobachten kann, sprechen kleine Kinder von sich selbst zunächst mit ihrem eigenen Vornamen. »Nina kann das!« bedeutet eigentlich: »Ich kann das!«

Was ist das Selbst? Wir wissen es weder genau, noch wird dieser Begriff einheitlich verwandt. Manche meinen damit das Ich im Sinne der Bewußtheit über die eigene Person. Andere gebrauchen es als eine Art Schatz im Inneren, einen göttlichen Kern. C. G. Jung spricht auch vom »höheren Selbst«, mit dem das Selbst immer in Verbindung treten kann, und meint damit den Zugang zu göttlicher Weisheit. Was Bewußtsein eigentlich ist und wie es sich zum sogenannten Unterbewußtsein oder Unbewußten abgrenzt, weiß ebenfalls niemand genau. Seit Einstein wissen wir zumindest, daß Beobachter und beobachteter Gegenstand einander bedingen – das heißt: Was wir sehen, hängt davon ab, was wir sehen wollen und wie wir sehen. Deshalb spricht vieles dafür, daß Bewußtsein, Materie und Energie *eins* sind. Wenn das so ist, hat der kleine Mensch viel mehr Bewußtheit über sich selbst, als er zunächst aussprechen kann. Und wenn sich Eltern oft über die geradezu beeindruckende Weisheit und Philosophie ihrer kleinen Kinder wundern, könnte es damit zusammenhängen, daß sie über viel mehr innere Weisheit verfügen, als die herkömmliche »Erziehungswissenschaft« und Entwicklungspsychologie ahnen läßt.

Obwohl ich keinerlei wissenschaftliche Untersuchungen anführen kann, die das belegen, möchte ich Eltern ermuntern, ihr Kind einfach einmal unter dem Blickwinkel zu beobachten, es hätte dieses innere, intuitive Wissen. Tun Sie einfach einmal so, als wäre Ihr Kind eine weise Persönlichkeit. Sie werden überrascht sein.

Mir ist jedenfalls aufgefallen, daß ich sehr viel größere Freude habe, mit kleinen Kindern zu reden, ja, mich mit ihnen zu unterhalten, seit ich von dieser inneren Weisheit ausgehe. Kinder können einem auf diese Weise wichtige Impulse geben. Immer regen sie uns dazu an, unser eigenes Tun und Sein zu überdenken.

Auf diese Weise kann sich eine viel tiefere Bindung herstellen, als Bindungsforscher ahnen. Kinder können unsere Lehrmeister sein.

Mit der Entdeckung des Selbst ist im folgenden gemeint, daß uns das kleine Kind deutlich macht, daß es eine eigenständige Persönlichkeit ist und sein will. Es zeigt, daß es einen eigenen Willen hat und eigene Erfahrungen machen möchte.

Es möchte losgelassen werden, nicht das Objekt seiner Eltern sein, sondern tätiges Subjekt, Mensch. Dabei bleibt es seinen Eltern liebevoll verbunden, ist in vielen Bereichen völlig auf sie angewiesen und prinzipiell kooperativ.

Bis heute werden Eltern über »Erziehungsmethoden« belehrt. Dahinter steht das alte Bild, daß Kinder etwas Tierisches und Asoziales hätten und von ihren Eltern durch bestimmte Methoden zu sozialen Wesen gemacht werden müßten. Jetzt, wo klar ist, daß Kinder von Anfang an richtige Menschen sind, ist es absurd, von solchen Methoden zu sprechen. Jesper Juul stellt fest: »Kinder sind von Geburt an sozial und menschlich, und um diese Qualitäten weiterzuentwickeln, müssen sie mit Erwachsenen zusammensein, die sozial und menschlich handeln. Jegliche Form von Methode ist nicht nur überflüssig, sie ist kontraindiziert, weil sie die Kinder für ihre Nächsten zum Objekt werden läßt.« (Juul, S. 23)

Auch wenn das Zusammenleben mit Kindern, die gerade dabei sind, ihre Fähigkeiten zu entdecken und zu erproben, nicht immer einfach ist, sollten wir uns doch gerade im dritten Lebensjahr immer wieder daran erinnern, daß wir es mit kleinen Persönlichkeiten zu tun haben, mit Menschen im *Selbständigkeitsalter.*

plötzlich allein

plötzlich allein
stellt es sich ein
der schatten meiner mondsichel
der traum
niemals gebraucht zu sein
ruhig liegen die spielsachen
ich mische meine füße dazwischen
melodien, diffus
und die zeit vor allen blüten
wüste
und frei gehen ist eins
plötzlich allein
die spielsachen bewegen sich wieder
werden durch den raum geschleudert
gedrückt
gekost
stimmen statt sirenen
schwarz und warm draußen
heute
der schatten meiner mondsichel
geht langsam vorüber

Will alleine: Ablösung im dritten Lebensjahr

Spätestens um ihren zweiten Geburtstag herum zeigen Kinder deutlich, daß sie sich aus der Abhängigkeit von ihren Eltern lösen wollen. Sie fangen jetzt deutlich spürbar an, selbständig zu denken, zu fühlen und zu handeln. »Will alleine!« »Will aber!« oder »Kann alleine« sind Worte, die wir jetzt oft zu hören bekommen. Und wenn sie an die Grenzen ihres Willens und Könnens stoßen, erheben sie ein unglaubliches Klagegeheul.

»Die Kinder werden selbständig, und die Erwachsenen werden trotzig!« schreibt Jesper Juul. »Diese Monate im Leben der Kinder geben zugleich eines der klarsten Beispiele dafür, wie gekonnt Kinder kooperieren. Wenn der Versuch von Zweijährigen, eine selbständige Kompetenz zu entwikkeln, bei den Erwachsenen auf Widerstreben und Trotz stößt, werden die Kinder schon innerhalb weniger Monate entweder trotzig – und begegnen Trotz mit Trotz –, oder sie werden abhängig und entwickeln keine Initiative. Der Begriff Trotzalter ist eine typische Beschreibung derjenigen, die Macht haben, für beschwerliche Untergebene. Daß kleine Kinder immer selbständiger werden, ist ein notwendiger Teil ihrer Entwicklung, und nur ein totalitäres System kann daran interessiert sein, diese kontinuierliche Entwicklung einer einzigartigen, sich entfaltenden Persönlichkeit zum Problem zu machen.« (Juul, S. 23 f.)

Die Entdeckung der Entscheidungsfreiheit und des Willens stellt Eltern dennoch auf eine harte Probe. Das Kind kann nicht einsehen, daß wir an Zeit gebunden sind. Es lebt im Augenblick. Sagen wir also: »Komm, wir müssen jetzt nach Hause!« gibt es wahrscheinlich Geschrei. Eben hat es doch eine Ameise entdeckt, die unter der Steinplatte hervorkam! Und warum darf man mit Sandalen nicht in die Pfütze? Warum steht im Wald kein Eisladen? Und weshalb darf es im Supermarkt keine Bonbons nehmen, wo die doch überall herumliegen?

Wir müssen unseren Kindern nicht immer alle Wünsche erfüllen, aber wir können sie immer ernst nehmen. »Ich verstehe, daß du noch hierbleiben möchtest. Du hast gerade etwas Schönes entdeckt. Leider müssen wir um vier zu Hause sein. Willst du vielleicht auf meiner Schulter reiten?«

»Jetzt bist du wütend, weil es hier nichts zu trinken gibt. Es ist schrecklich, Durst zu haben. Laß uns schnell nach Hause gehen, dann bekommst du deinen Saft.« Ganz sicher wird Ihr Kind nicht sofort verstummen, wenn es Ihre Worte hört. Aber dieses Gefühl, verstanden worden zu sein, wird es ein Leben lang begleiten. In zehn Jahren wird es sich nicht mehr daran erinnern, daß es im Supermarkt auf dem Fußboden lag und schrie. In ihm wird aber das wunderbare Gefühl gewachsen sein: »Meine Eltern lieben und verstehen mich. Sie akzeptieren mich, auch wenn sie mir manchmal etwas verbieten oder nicht geben.«

Das was ein Kind will, ist nicht immer das, was es braucht. Im Spielzeugladen sieht Lena eine wunderschöne Puppe und schreit: »Haben! Haben!«

Wir können jetzt sagen: »Nein, diese Puppe kannst du nicht haben. Die ist zu teuer!« und den Laden mit dem schreienden Kind verlassen. Wir können uns auch die Puppe gemeinsam betrachten und über sie sprechen: »Ja, die ist wirklich schön. Schau mal, sie hat ein blaues Kleid an. Sie hat dunkle Haare – und deine Haare sind hell, nicht wahr?« In so einem Gespräch vergißt das Kind vielleicht den Wunsch des Habens, der vielleicht sogar eher ein Wunsch nach Erkunden war. Vielleicht. Vielleicht aber auch nicht. Geschrei läßt sich nicht immer vermeiden. Erniedrigende Bemerkungen aber wie: »Nein, du kannst nicht immer deinen Willen bekommen. Glaub nur nicht, es geht nach deiner

Nase, und sei nicht so ungezogen!« müssen nicht sein. Sie verletzen und kränken und tun auch uns selbst nicht gut.

Oft sind Kinder auch einfach müde. Wenn wir ein weinendes Kind einfach auf den Arm nehmen und halten, wenn wir es in seiner Erschöpfung oder Wut nicht allein lassen, sondern ihm durch eine liebevolle Geste einfach zeigen, daß wir bei ihm sind und es trotz allem lieben, vertieft sich unsere Bindung. »Liebe mich dann, wenn ich es am wenigsten verdient habe, denn dann brauche ich es am dringendsten«, heißt es in einem Spruch. Ich weiß, daß auch das nicht immer möglich ist.

Jede Mutter kennt Situationen, die einfach katastrophal sind. Man muß noch nicht einmal Kopfschmerzen haben oder schlecht geschlafen, um in solch eine Situation hineinzugeraten, besonders wenn man mehrere Kinder hat.

Ich erinnere mich gut an Tage, an denen das eine Kind gerade in der Badewanne von einer vollen Windel befreit werden sollte, ein anderes unbedingt eine Banane wollte, die nicht vorhanden war, und der Filialleiter der Bank gerade jetzt eine wichtige Frage am Telefon klären mußte. Auch klopfende Wohnungsnachbarn, lebenserfahrene, ratspendende Schwiegermütter oder Kinderkrankheiten aller Art können einen ganz schön fertig machen. Wenn Nina dann noch unbedingt den Hörer halten will, während man versucht, den Vermieter zu beruhigen, liegen die Nerven einfach blank.

Ich habe gute Erfahrungen damit gemacht, auch in solchen Fällen zu meinen Gefühlen zu stehen. Ich habe mich weinend ins Bett gelegt – und siehe da – auf einmal sind alle Kinder voller Mitgefühl und Anteilnahme. Ich habe geschrien – und mich später dafür entschuldigt. Oder ich bin einfach aus dem Raum gegangen und habe mich im Bad eingeschlossen, weil ich das Gefühl hatte: »Gleich drehe ich durch.«

Später, viele Jahre später, haben meine jugendlichen Kinder wunderbare Methoden entwickelt, mich »herunterzufahren«, wenn ich furchtbar wütend war. »Cool bleiben, Mama«, konnten sie so voller Mitgefühl aussprechen, daß wir bald wieder in eine ruhige Diskussion kamen, anstatt uns anzuschreien. Und wenn wir uns lautstark stritten, dann wußten wir doch immer ganz sicher, daß wir uns wieder vertragen und einigen würden und daß unsere Liebe dadurch in keiner Weise geschmälert würde.

Mit kleinen Kindern kann man noch nicht so diskutieren. Nimmt man sie jedoch immer und überall als Persönlichkeit ernst, können wir gar nichts tun, was wir später bereuen.

Wie zeigen wir aber einem Zweijährigen, daß wir ihn ernst nehmen?

Wir akzeptieren seine Wünsche und Gefühle, auch wenn wir sie nicht erfüllen oder gut finden. Es sind schließlich *seine* Gefühle und *seine* Wünsche.

Wir reden so mit ihm, wie wir mit einem Freund reden würden. Wir behandeln Kinder nicht wie Untertanen, sondern höflich und mit Respekt.

Wir zeigen dem Kind, daß wir es so, wie es ist, wahrnehmen und akzeptieren – unabhängig davon, was es gerade tut oder möchte.

Wir zeigen ihm, daß wir auch uns selber ernst nehmen und achten. Wir lassen nicht alles zu, was das Kind möchte oder tut, und verlangen, daß es unsere Grenze akzeptiert. »Jetzt ist es genug!« macht deutlich, daß wir auch Menschen sind, die Gefühle haben und ab und zu eine Pause brauchen.

Laß mich – ich hab' Dich lieb!

Bitte schau doch endlich her!
Hör mich, Deine Ohren können das doch nicht aushalten.
Ich lege mich einfach auf den Boden und schreie.
Ich werde rot und manchmal auch blau.
Ich huste, und wenn es geht, übergebe ich mich.
Ich bekomme Tränen in die Augen, die mir über die Wange laufen.
Ich schubse Dich weg, Mama.
Jetzt weißt Du, daß es mir ernst ist.
Preß mich an Dich. Halte mich.
Ich rufe um Hilfe und Du weißt es ... nur einmal noch über dem Boden schweben und Deinen Körper spüren ... Deinen Mund in meinem Haar ...
Dabei bin ich schon groß und kann alles allein:
Die Schuhe ausziehen, den kleinen Hang hinunterrennen und eine Stufe springen und das herrliche Schokoladeneis ganz alleine auslöffeln..
Aber laufen will ich jetzt nicht mehr, schon gar nicht nach Hause ... müde bin ich eigentlich nicht, aber ich *will* einfach nicht ... und Du, Mama, was willst Du?
Wir wollen doch immer dasselbe oder nicht?
Jetzt nimmst Du mich an der Hand ... tragen, tragen ... ich muß wieder schreien ... ich setze mich ins Gras mitten in die Narzissen ... Du legst jetzt Deine Hände auf meine Schultern; die zittern wirklich, ich bin so müde und schreie noch lauter ... ich schluchze.
Deine Augen und Deine Hände machen alles wieder gut ... ich drücke meinen Kopf an Deinen Arm und werfe dir die Kehrschaufel vor die Füße ... ich kann das doch gut allein!
Mach, daß ich den Bonbon bekomme und meine Hose wieder trocken ist!

Wenn Du lächelst, geht die Sonne auf, und wenn Du still bist, kommen die Engel.

Wir machen ein Spiel: Wer kann am längsten still sein ...

Beim Still-Sein höre ich etwas: Da singen ein paar Vögel, und eine Glocke macht bim, bam.

Ich bin ganz ruhig. Du lächelst, und ich habe vergessen, daß ich mein neues Eichhörnchen aus Stoff gegen die Fensterschreibe werfen wollte.

Gestern hast Du mich einfach auf dem Küchenboden sitzenlassen ... du bist wortlos weggegangen ... nach einer Weile war der Küchenboden wirklich kalt, und ich bin wieder auf meinen Stuhl geklettert, ganz allein ...

Heute nachmittag warst Du nicht da. Papa sagt, Du bist mit dem Rad spazieren gefahren.

Ganz allein, ohne mich.

Heute nachmittag habe ich nicht laut geschrien und mich nicht auf den Boden gelegt.

Du hättest es ja sowieso nicht gehört.

Du bist – jetzt

Wenn Du schaust, dann schaust Du . . .
Er stand nur und schaute. Ganz hinten am Busch.
Du siehst die Vögel. Du siehst einen Käfer, wie er gerade übers Blatt krabbelt.
Du bewegst Dich nicht.
Die anderen Kinder toben um Dich herum, schreien, laufen.
Gerade eben warst Du noch an ihrer Bewegung beteiligt.
Im nächsten Augenblick wirst Du wieder in ihren Kreis zurück-kehren.
Jetzt – stehen Zeit und Räume still.
Dieser Moment gehört nur Dir. Du mußt nachsinnen – über die Schwalben, die laut am Himmel schwirren, über die Farbe Lila an dem Heidelbeer-Eis und den Duft der Fliederbüsche, über Mamas Handkuß und das Lied vom Mai, das die Bäume wieder grün werden läßt.
Du brauchst diese Stille, Du willst keine Fragen und keine Ant-worten, nicht einmal unterhalten willst Du werden, auch wenn ich selbst und die meisten Erwachsenen um Dich herum dies häufig versuchen . . .
Einfach nur Stille, einen Raum um Dich herum, gleich einer bunten Seifenblase, schwebend in der freien Luft. So willst Du sein: frei, bunt, leicht – unverletzbar auch.
Und allein Du bist erst drei Jahre alt, und *in Ruhe gelassen werden* ist etwas Schönes . . . manchmal.
Die Großen wollen wissen, was mit Dir los ist: Bauchweh, Müdigkeit, hast Du vielleicht Ohrenschmerzen?
Ich sehe Dich nur an . . . von weitem und doch ganz nahe.
Ich kann Dich verstehen. Ich lächle.
Dann springst Du wieder, lachst, als Du Deinem Vater die Zehen mit Wasserfarben bemalst und Deiner kleinen Schwester die gefüllte Gießkanne über den Kopf schüttest.
Ich beobachte Dich noch eine Weile. – Still.

Mädchen und Jungen: Die Entdeckung des eigenen Geschlechts

Im dritten Lebensjahr kommt irgendwann der Moment, in dem unsere Kinder nicht nur »ich« sagen, sondern auch feststellen, daß es Unterschiede gibt, die Unterschiede machen. Ich erinnere mich sehr deutlich daran, wie meine Söhne ihre Puppen, die ich ihnen selbstverständlich genäht hatte, zum Stillen an die Brust hielten. Da waren sie ungefähr zwei Jahre alt. Später flogen diese Puppen dann in die Ecke und wurden nie wieder hervorgeholt – bis ihre kleine Schwester sie entdeckte.

Nachdem meine Söhne begriffen hatten, daß sie so etwas wie ein Vater werden – und eben keine Mutter –, interessierten sie sich nur noch für Autos, Bausteine und Eisenbahnen. Ich war darüber zunächst verblüfft und erlebte doch in allen mir bekannten Familien einen ähnlichen Prozeß.

Um seinen dritten Geburtstag herum begreift ein Kind, daß es zwei Geschlechter gibt. Obwohl das Kleinkind auch vorher schon nackte Menschen gesehen hat, begreift es jetzt, was für einen Unterschied es ausmacht, mit Penis oder Vagina ausgestattet zu sein. Für einen kleinen Jungen ist diese Erkenntnis, die einem Entwicklungsschritt gleichkommt, manchmal schmerzlich. Er muß erkennen, daß die weibliche Person, die ihn so liebevoll umsorgt und die auch er liebt, nicht seine Identifikationsfigur werden kann. Er erkennt, anders zu sein.

Er muß etwas werden, was er in der Regel nicht so gut kennt, etwas, das oft nicht da ist, Auto fährt, wichtige Dinge vorhat und oft fernsieht.

Kleine Jungen wissen irgendwann, daß sie Männer werden. Aber der Mann, der liebevolle, fürsorgliche Vater, ist oft nicht vorhanden, weder zu Hause noch im Kindergarten.

Auch diese gesellschaftlich bedingte Situation läßt sich

nicht von heute auf morgen ändern. Liebevolle Väterlich-keit ist in unserem Land leider noch immer selten. Nicht nur die Söhne, auch die Töchter leiden darunter, denn ein Vater, der zuverlässig und verantwortungsbewußt mit seiner Toch-ter umgeht, weckt tiefe vertrauensvolle Gefühle, die das spätere Leben und die künftigen Beziehungen für viele Jah-re beeinflussen.

Mißtrauisch und männerfeindlich sind Frauen, die nie er-lebt haben, daß es auch liebevolle, verantwortungsbewußte und zuverlässige Väter gibt.

Gewalttätige, erfolglose und verhaltensauffällige Söhne hatten keine mitfühlenden, freundlichen und hilfsbereiten Väter! Wir können den Vätern unserer Kinder nur deutlich machen, wie wichtig sie sind und wie wertvoll ihr Beitrag für das Heranwachsen der kleinen Menschen ist. Eine sichere Bindung zum Vater ist ein Geschenk, das jedes materielle Erbe aufwiegt. Erzwingen oder mit Vorwürfen erpressen können wir es nicht. Leider.

Wenn Kinder ohne Väter aufwachsen müssen oder wenig Vater erleben, können sie dennoch ein positives Männerbild bekommen, wenn wir für Ersatz sorgen.

So wie auch jede Mutter im Ernstfall ersetzbar ist, läßt sich auch jeder Vater durch eine zuverlässige männliche Bezugs-person ersetzen. Ein Ersatz bleibt zwar immer ein Ersatz, aber er kann vor Schaden bewahren.

Männliche Familienhelfer werden von manchen Jugend-ämtern eingesetzt, daß sie gerade alleinerziehenden Müt-tern oder Familien in schwierigen Situationen zur Seite ste-hen. Wenn sie über Jahre in einer Familie tätig sind, können sie eine stabile Bindung zu einem oder mehreren Kindern herstellen und viel Gutes bewirken. Jeder von uns kennt wahrscheinlich Beispiele, wo einzelne Menschen uns selbst oder andere nachhaltig beeinflußt haben, wo eine Wende zum Guten und Erwünschten herbeigeführt werden konn-te, allein dadurch, daß dieser eine Mensch da war und als Beispiel und Modell wirkte.

Stiefväter, Großväter oder neue Partner können so eine Rolle einnehmen, wenn sie nicht so tun, als seien sie der leibliche Vater, wenn sie das Kind so respektieren, wie es ist, und nicht versuchen, es zu ändern oder seine Liebe zu erzwingen. Einfach durch ihr männliches Dasein, ihre Spiel- und Gesprächsbereitschaft und ihr Sosein können diese Menschen zum positiven Vorbild werden. Indem sie eine sichere positive Bindung herstellen, führen sie positive Entwicklungsschritte herbei.

Mit der Entdeckung des eigenen Geschlechts geht eine noch größere Selbständigkeit einher. Das Kind lernt ja nicht nur, die Toilette zu benutzen. Es begreift täglich mehr, daß es der »Herr« über seinen Körper ist und daß es sich Lust bereiten kann. Ganz allein oder mit Freunden! Auch hier müssen Mütter und Väter lernen loszulassen. Manche Kinder wollen jetzt nicht mehr geküßt werden, und sie lassen sich auch nicht einfach so auf den Schoß ziehen. Recht haben sie! Zur Würde des kleinen Menschen gehört auch seine körperliche Würde und das Recht, über sich selbst zu bestimmen. Kinder sind keine Kuscheltiere, und sie sind nicht auf der Welt, um uns zu trösten. Natürlich geben wir dem Sohn jetzt keinen Rotwein zu trinken oder lassen die Tochter bis Mitternacht wach, weil sie das eben möchte. Natürlich tragen wir als Erwachsene die volle Verantwortung für Sicherheit und Gesundheit. Ein Kind sollte aber selbst entscheiden dürfen, ob es Milch oder Saft trinken möchte, ob es nackt sein will oder lieber eine Badehose tragen, ob es den roten oder den gelben Pullover anziehen möchte, ob es sich selber eincremen will oder ob es die Mama tun darf. Ich habe meinen Kindern auch in diesem Selbständigkeitsalter stets große Freiheit darin gewährt, über Mützen, Schals und Handschuhe selbst zu entscheiden. Wenn meine Tochter keine Jacke anziehen wollte, obwohl ich fror, hatte sie immer recht. Ihr war tatsächlich heiß, und sie erkältete sich dadurch nicht. Ich glaube, daß Kinder ein gutes Gefühl für ihren Körper bekommen, wenn sie selbst merken, daß ihre Ohren frieren oder die Hände steif werden. Für diesen Fall haben wir dann die Handschuhe mitgenommen. Auch lieben Kinder es, barfuß zu laufen, und sollten das auch so oft wie möglich tun dürfen, wenn nicht gerade Glasscherben herumliegen.

Manchmal übertragen Eltern ihre eigenen Ängste auf die Kinder. Das ist schade.

Wie wir am Beispiel der Kinder aus Naturvölkern leicht erkennen können, entstehen Unfälle gerade durch das ängstliche Festhalten-Wollen. Losgelassene Kinder erproben ihren Körper mit seinen wunderbaren Fähigkeiten und lernen, sich selber einzuschätzen und auch, auf sich selbst zu achten und aufzupassen. Das gibt ihnen und ihren Eltern Sicherheit.

Es geht um den Topf

Es geht nur noch um den Topf.
Du bist doch schon so groß.
Ich lese:
90 Prozent der Kinder werden zwischen dem 2. und 3. Lebensjahr sauber.
Bücher:
Wie Kinder trocken werden können.
Ich schlage nach und finde Erklärungen für:
Probleme mit dem Sauberwerden.
Körpergefühle.
Abgeben können.
Säugling sein. Das Eins-Sein nicht aufgeben wollen.
Beispiele und Fälle werden erklärt, plausibel geschildert – doch nirgendwo finde ich Dich.
Du singst auswendig Lieder, Du schmust gerne, Du zählst bis 20 und erfindest Geschichten, Du bist in zwei Wochen vier Jahre alt und Du trägst eine Windel.
Tag und Nacht.
Die Mütter beim Kinderturnen berichten laut:
Bei meinem Zweiten hat es länger gedauert, na ja, die Buben brauchen immer etwas länger ...
Ich sage nichts. Irgendwie vertusche ich es immer, obwohl ich mir selbst immer wieder versichere, daß es mir egal ist, was andere denken.
Nur was ich ganz allein für mich denke, ist mir nicht egal.
Die guten Ratschläge der anderen klingen weiter:
Gib ihm doch einen Schemel zum Hochsteigen.
Ich spüre; es ist kein technisches Problem.
Nimm ihm einfach die Windel weg!
Geh zum Arzt!
Und eine Therapie!
Unterm Strich: Fehler.

Was hast Du falsch gemacht?

Die Frage kommt, das habe ich gewußt.

Ich sehe ziemlich viele Münder um mich herum, die das fragen, ohne es auszusprechen.

In mir bin ich ruhig.

Ich kann Dich verstehen.

Ich suche Deine Augen, wenn Du eine Windel verlangst, ganz tief drinnen berührt, angstvoll – zart.

Nein, ich werde Dich nicht zwingen.

Du hast Deine Zeit, und ich werde sie Dir nicht nehmen.

Es ist Februar, und ich spüre in den Frühling hinein.

Ich sehe ohne Metermaß, daß Du wieder ein paar Zentimeter gewachsen bist.

Noch zwei Wochen bis zu Deinem 4. Geburtstag. Das ist wie ein Countdown.

Du liegst auf der Wickelkommode, die Beine hängen herunter, weil sie eigentlich schon längst zu klein für Dich ist.

Während ich die Windeln wechsle, steht die Welt still.

Das war immer so, nicht wahr!?

Die Jahre drehen sich plötzlich zurück. Du selbst erzählst mir von Deiner Babyzeit . . . an das Rauschen könntest Du Dich erinnern; mit dem kleinen blauen Kinderwagen ging ich jeden Tag zum Wasserfall, weil das Rauschen ja so beruhigt . . .

Ich höre zu; Du beschreibst mir die Stunden auf der Wickelkommode:

Das ist mein Nest; Mama, ich bin ein kleiner Vogel, und hier ist mein Nest.

Es ist warm, es hat *wunderbar nach Öl geduftet, und Deine Hände haben mich immer gestreichelt . . . gesungen haben wir gemeinsam . . . ich habe aus dem Fenster geschaut und die Vögel betrachtet oder den Schnee auf den Nachbardächern . . . Kommt ein Vogel geflogen, war das erste Lied, das ich gelernt habe, nicht wahr . . . geschmust haben wir immer und gelacht, mit den Kuscheltieren . . . und Tierarten gab es . . . auf der Tapete spazierten ein Elefant, ein Affe, ein Zebra . . . wenn ich mich aufgerichtet habe, war ich gerade so groß,*

daß ich ihm in die Augen sehen konnte. Und die Bilderbücher . . .
meine lieben, bunten Bilderbücher. . . Du liebst sie doch genauso sehr
wie ich:
Da gab es Blumenkinder und Teddys in allen Farben, bunte Bälle
und ein kleiner Bär, der das Anziehen lernt . . . die Geschichte vom
kleinen Fuchs, der im Wald seine Mutter sucht, und das Zicklein,
welches durch den Zaun schlüpft . . .
Die Wickelkommode, ein Quadrat, auf dem ich nur Dir ge-
hörte.
Du schlingst die Arme um mich; ich knie mich hin, daß Du
größer bist als ich.
Du kicherst.
Mama, ich bin größer als Du, das macht Dich traurig und glück-
lich zugleich.
Ich hab Dich so lieb, 1234070 mal . . . so daß ich's gar nicht sagen
kann . . . so sag ich's leis ins Ohr . . . Du weißt's ja sowieso . . . ich
schenke Dir mein kleines Herz, drauf steht . . . ich mag Dich so . . .
Jeden Abend ein Liebeslied.
Es geht nicht nur um den Topf.
Ich kämpfe nicht gern und Du auch nicht.
Der erste Tag ganz ohne Windel ist schlimm.
Du hast geschrien, gejammert, gefleht . . . verzweifelt. Ich
habe geweint, leise, in mich hinein.
Ich halte Dich.
Schweige.
Halte wieder. Streichle Dich. Denke dabei: Abschied, Frei-
heit, Bewegung, Rettung, das Band, das sich wieder ein Stück
weiter entrollt.
Du bist jetzt ganz still.
Wir sitzen am Mittagstisch. Deine kleine Schwester ist ein
wenig verwirrt. Sie hat Hunger. Die Fischstäbchen schmek-
ken wirklich gut.
Du trinkst, stocherst in den Erbsen. Ich erzähle von dem Post-
boten, der draußen mit dem Fahrrad vorüberfährt . . .
Die Schule ist aus.
Ein Uhr.

Heute erzählst Du mir von Dir selbst:
Früher, als ich noch klein war und eine Windel hatte ...
Du bist ganz stolz.
Es ist zwei Wochen her.
Ich habe die Wickelkommode verändert.
Sie ist jetzt ein Haus für alle Deine Kuscheltiere und ich habe eine pastellfarbene Decke über die zerschlissene Plastikauflage gebreitet.
Es geht nicht mehr um den Topf.
Wann immer Du willst, kannst Du hochklettern, kuscheln, schmusen oder den Apfelbaum der Nachbarin betrachten ... jederzeit, das verspreche ich Dir!
Ich werde nichts wegräumen, solange Du es nicht willst.
Du telefonierst und tippst Zahlen in den Computer ... mit einem Finger ... bis 30 kannst du schon zählen ...
Ich hänge Ostereier auf, und Du willst mit Lumpi schmusen, den Schnuller im Mund ...
Ich lächle. Beim Nachtisch – Schokoladenpudding – erzählst Du von Jesus mit der Dornenkrone ...
Still höre ich zu, während Deine kleine Schwester leise schmatzt.
Mama, schau mal, da sind lauter rosa Blumen am Baum ...
Wir haben April.
Mama, du bist jetzt mein Baby ... murmelst Du beim Einschlafen, *ich habe die Ostereier in rosa und hellblau gemalt, weil du rosa und hellblau so gerne magst ...*
Ein bißchen weine ich, ein kleines bißchen.
Wir haben April.
Es geht nicht mehr um den Topf.

zwischen den welten...

bin ich weiterhin
zuhaus
ohne heimat
nur die augen, in welche ich schaue
sind mehrfach geworden
blut vom blut geflossen
haar vom haar
berührt
schwer und süß
auf die erde gefallen
gesickert
tiefer
tiefer
noch einmal
ein letztes mal klingt es
regt es
will leben in mir sein

was zählen die wochen, die jahre
die wenigen
wo kleine arme Dich umschlingen
fest
fester klammern
Dich wollen
danach
bist Du frei
und die tränen kommen nur langsam
jedoch sie kommen
sie kommen

Kindergarten – wann und wie?

Meiner Meinung nach könnten zweijährige Kinder durchaus in einer kleinen Gruppe mit zuverlässigen Erziehern für einige Stunden gemeinsam betreut werden. Wenn es Kindergärten dennoch in erster Linie für Drei- bis Sechsjährige gibt, ist das eine Frage der Kosten. Eine Gruppengröße von fünfzehn oder zwanzig Kindern stellt für die Kleinen ganz gewiß eine Überforderung dar, während eine Gruppe von fünf bis zehn Kindern mit ein oder zwei Betreuern eine ideale Größe wäre.

Zweijährige Kinder spielen schon in langen Sequenzen zusammen, freuen sich auf Spiel-Freiräume und Anregungen und verstehen, wenn man ihnen erklärt, daß man sie für einige Zeit verläßt, dann aber zuverlässig zurückkehrt.

Wie ich schon mehrfach erwähnte, ist es unbedingt notwendig, ein Kind, gleich welchen Alters, *allmählich* an eine neue Bezugsperson zu gewöhnen. Erst wenn eine stabile Beziehung aufgebaut ist, kann das Lösen von Mutter oder Vater beginnen. Sie werden selber schon bemerkt haben, daß Kinder zu manchen Menschen sehr schnell eine Beziehung herstellen, zu anderen nur zögernd oder gar nicht. Umgekehrt haben manche Erzieherinnen offenbar noch nicht gehört, wie wichtig diese erste Kontakt- und Beziehungsaufnahme ist, sonst würden sie sich in manchen Fällen bestimmt mehr Mühe geben.

Lassen Sie sich auch von niemandem dazu überreden, Ihr Kind einfach abzugeben und wegzugehen. Das würde die Vertrauensbasis zwischen Ihnen und Ihrem Kind erheblich erschüttern. Der berühmte Sprung ins kalte Wasser oder »Augen zu und durch« ist *nicht* die geeignete Methode der Eingewöhnung. Auch Schwimmlehrer wissen heute, daß Kinder mit Freude, Neugier und Spaß Vertrauen zum Element Wasser gewinnen müssen, wenn sie später erfolgreiche Schwimmer werden sollen. Jedes Erlebnis des Schrekkens verzögert die Entwicklung und macht langwierige Maßnahmen notwendig, um Vertrauen wieder langsam aufzubauen. Wer als Kind ins kalte Wasser geschubst wurde, wird viele Jahre Angst vor Wasser haben.

Selbst Tiere werden inzwischen von den erfolgreichsten Trainern nur noch auf der Basis von Vertrauen – das heißt positiver Beziehung und sicherer Bindung – dressiert. Sollten wir unseren Kindern nicht gönnen, was jedem Blindenhund oder einem guten Springpferd ermöglicht wird?

Alle Eltern wünschen sich für ihre Kinder gute Kindergärten. Aber ob es sich nun um einen Montessori- einen Waldorf- oder einen städtischen Kindergarten handelt, ob ihr Kind im Waldkindergarten aufwachsen soll oder kirchlich betreut wird: es geht immer und zuallererst um die Beziehung zu den Menschen, denen das Kind anvertraut werden soll. Jeder Kindergarten »steht und fällt« mit den Menschen, die darin arbeiten, das kann ich aus eigener Supervisionsarbeit nur bestätigen.

Christel erzählt: »Der Kindergarten meiner jüngsten Tochter hat ein sehr gutes Konzept und ein tolles Angebot. Ich habe mich richtig auf den ersten Tag dort gefreut. Jetzt, nachdem sie ein paar Tage da ist, bin ich aber doch etwas enttäuscht. Wenn ich Lisa morgens bringe, sitzen die Erzieherinnen alle am Tisch und trinken Kaffee. Teambesprechung. Sie winken nur von weitem ›Hallo!‹ So steht Lisa etwas verängstigt rum und weiß nicht recht, wo sie hingehört. Bei meiner ältesten Tochter Anna war das ganz anders. Wenn wir morgens kamen, saß die Erzieherin da und schälte Äpfel. Wenn ich mit Anna in den Raum trat, stand sie auf und begrüßte Anna persönlich und herzlich. Sofort fühlte sie sich zu Hause.«

Es ist daher unbedingt notwendig, daß Sie sich den Kindergarten, den Ihr Kind besuchen soll, genau ansehen und zum Beispiel einen Vormittag dort mit Ihrem Kind verbringen. Zuvor können Sie sich ein Konzept des Kindergartens besorgen. Sehr viele Kindergärten haben in den letzten Jahren solche Konzepte erstellt. Auf dieses Papier können Sie sich als Eltern immer wieder berufen und Anspruch und Wirklichkeit vergleichen.

Meine Tochter war schon kurz nach ihrem ersten Geburtstag vormittags in einer kleinen Gruppe von Kindern. Mit zweieinhalb Jahren kam sie in einen kleinen Kindergarten, an den sie bis heute allerbeste Erinnerungen hat. Als sie vier war, zogen wir von Berlin nach Schleswig-Holstein, und sie mußte den Kindergarten wechseln. Weil sie »kindergartenerfahren« war und es auch selber so wollte, verabschiedeten wir uns am ersten Tag gleich an der Tür. Nach einem Tag dort erklärte sie mir zu meinem Erstaunen: »In diesen Kindergarten setze ich keinen Fuß mehr!« Und wenn meine Tochter etwas sagt, ist sie immer sehr davon überzeugt. Ich beschloß, sie am nächsten Tag zu begleiten, und sie willigte ein. Nun konnte ich beobachten, daß ein offenbar überforderter Erzieher ständig auf bestimmte Kinder einschimpfte und unsinnige Regeln aufstellte. Meine Tochter hatte vollkommen recht! Ich meldete sie mit einem entsprechenden Brief ab.

Nun hatte ich das Glück, zu Hause arbeiten zu können. Deshalb konnte ich mit ihr eine Regelung finden: Sie beschäftigte sich stundenweise selbständig und allein.

Nach einigen Wochen erfuhr ich, daß eine neue Kindergartenleitung eingesetzt und der Erzieher entlassen war. Wir starteten einen neuen Versuch, und tatsächlich: In dem gleichen Kindergarten war eine wunderbare, völlig veränderte Atmosphäre entstanden, die Kinder wurden liebevoll betreut, und meine Tochter verbrachte dort noch zwei glückliche Jahre bis zu ihrer Einschulung.

Wenn ein Kind nicht im Kindergarten bleiben will, hat das immer Gründe. Sie liegen entweder bei den Erziehern oder bei Ihnen selbst, liebe Eltern. Kein Grund zur Panik! Das Loslassen eines Kindes, um das man sich viele Jahre ausschließlich gekümmert hat, ist schließlich keine leichte

Sache! Wenn Ihr Kind klammert, obwohl es die reizende Kindergärtnerin im Prinzip mag, die Einrichtung toll und die anderen Kinder interessant findet, sollten Sie sich selbst fragen: Warum fällt diese Ablösung so schwer?

Zunächst müssen wir feststellen, daß alles Neue Angst macht. Das ist ganz normal. Nur das, was wir kennen, ist uns vertraut. Und jeder, wirklich jeder Mensch hat eine sogenannte »Komfort-Zone«, in der er in Ruhe seinen alten Gewohnheiten nachgeht und sich sicher fühlt. Etwas Neues zu wagen ist immer ein Abenteuer – und nicht jedes Kind ist zum Abenteurer geboren. Es gibt immer die zögernden, vorsichtigen und die wilden »Jetzt-will-ich-es-wissen«-Typen. Auch Mama und Papa waren einmal Kinder. Gehörten Sie eher zu den Draufgängern oder zu den bedächtigen Kindern? Mit Sicherheit wird sich Ihr Sohn oder Ihre Tochter einiges abgeschaut haben, und zum Glück sind nicht alle Menschen gleich.

Ein sehr einfacher Grund, warum ein Kind sich schwer lösen kann, wäre zum Beispiel, daß da noch ein oder zwei kleinere Geschwister sind, die zu Hause bei Mama bleiben dürfen. Nicht jedes älteste Kind findet es attraktiv, diese Geschwister einfach so zurückzulassen. Könnte es selbst nicht eine Menge versäumen? Bekommen die Kleinen nicht wie immer mehr von allem? Oder braucht Mama nicht vielleicht doch einen Beschützer? Solche Zweifel sind ganz normal.

Unsicher gebundene Kinder wollen möglicherweise die Kontrolle behalten und ihre Mutter auf keinen Fall »im Stich« lassen. Ihnen muß zunächst einmal mehr Sicherheit vermittelt werden.

Eine große Hilfe kann es in jedem Fall sein, wenn der Vater sich der Sache annimmt. Wenn er – zumindest für eine Übergangszeit – den Sohn oder die Tochter morgens mitnimmt, wenn er zur Arbeit fährt, kann sich dieses Kind als »Papas Großer« fühlen und diese besondere Aufmerksamkeit und Anerkennung genießen. Auf diese Weise kann eine ganz besondere Bindung entstehen. Kinder brauchen in der Regel keine großen Dinge. Es sind die eher kleinen alltäglichen besonderen Aufmerksamkeiten, die die Qualität einer Beziehung ausmachen: das Gesehenwerden, das Beachten, das Zulächeln.

Eltern von mehreren Kindern können Problemen vorbeugen, indem sie das besondere Privileg des Kindergartens betonen und den ältesten Sohn oder die Tochter entsprechend vorbereiten. Sie können viele Wochen vorher anfangen, über den Kindergarten zu reden, ihn besuchen und erfahren, was man dort alles so Tolles machen kann. Natürlich erst ab einem bestimmten Alter!

Es gibt auch mehrere gute Bilderbücher, die in für Kinder verständlicher Form beschreiben, was im Kindergarten geschieht, wie man sich voneinander trennt und schließlich wiederbegegnet, wenn man abgeholt wird. Es macht Kindern viel Freude, sich solche Bücher gemeinsam mit den Eltern immer wieder und in ihrem eigenen Tempo anzuschauen, und es hilft ihnen, Vertrauen in die Situation zu gewinnen.

Nützt das alles nichts, kann es in Ausnahmefällen sogar sinnvoll sein, das Kind noch zu Hause bei den Geschwistern zu belassen. *Wenn ein Kind einen bestimmten Entwicklungsschritt scheut, ist es immer besser, zunächst rückwärts zu gehen, als es vorwärts zu schubsen.* Ich kenne mehrere älteste Kinder, die nach einigen Anläufen nicht im Kindergarten bleiben wollten und bis zur Einschulung zu Hause bei ihren Geschwistern blieben. Dort waren sie auch eher eine Hilfe als eine Last, denn zwei oder drei Kinder, die zusammen spielen, sind oft leichter zu haben als eins allein. Auch diese Kinder sind glückliche selbständige Schulkinder geworden. Irgendwann hat jedes Kind den Punkt erreicht, an dem es feststellt: Es ist schön, in einer Gruppe zu sein, es macht Spaß, mit anderen zusammen zu spielen und zu lernen. Und dann ist das große Problem auf einmal gar keins mehr.

Anders verhält es sich manchmal mit Einzelkindern oder

jüngsten Kindern. Wenn diese sich nach einigen Tagen der Eingewöhnung nicht trennen wollen, machen sie sich vielleicht Sorgen um ihre Mütter. Sie spüren indirekt, daß Mama sie sehr vermissen wird und eigentlich nicht loslassen will. Ist die Wohnung nicht jetzt entsetzlich leer?

Wenn Ihr Kind die Möglichkeit hatte, die wirklich nette Erzieherin kennenzulernen, wenn es einige Tage Ihre stundenweise Mit-Anwesenheit erleben durfte und sich immer noch nicht trennen kann: Kündigen Sie für den morgigen Tag an, daß Sie gehen werden, und wagen Sie es, einfach zu gehen! Manche Kinder brauchen einen kleinen Kick, der ihnen hilft, einen neuen Schritt zu wagen. Verabschieden Sie sich nach einem mit dem Kindergarten abgesprochenen Ritual. Zum Beispiel: »Ich gebe dir jetzt mein Halstuch, und du gibst mir deinen Teddy. Ich passe auf ihn auf, bis ich zurückkomme. Ich winke Dir am Fenster noch einmal nach, und dann gehe ich. Um zwei hole ich dich wieder ab. Tschüß, mein Schatz und spiel schön!«

Festgelegte Rituale geben Ihrem Kind Sicherheit. Es lernt, daß es Vertrauen haben kann, auch wenn es schmerzt. Wenn Sie das Ritual genauso ablaufen lassen, wie es vorher besprochen wurde, macht Ihr Kind erneut die Erfahrung der Verläßlichkeit, die ihm schon in den ersten Lebensjahren so geholfen hat, Vertrauen und Selbstvertrauen zu erwerben.

In den allermeisten Fällen wird sich ein dreijähriges Kind nach einigen wenigen Tränen beruhigen und mit den anderen spielen. Wenn ein Kind sich dem attraktiven Angebot eines Kindergartens widersetzt, hat es wahrscheinlich große Ängste. Auch kann es unbewußt mit seiner Mutter kooperieren, indem es ihre eigenen Ängste ausdrückt, oder es zeigt einen sehr starken Willen – aus welchen Gründen auch immer. In diesen Fällen kann eine familientherapeutische Beratung sinnvoll sein.

Versichern Sie Ihrem Kind immer wieder, daß Sie – als erwachsene Frau und Mutter – das Problem lösen können. Sie überleben den Vormittag ganz gewiß, obwohl Ihr Kind nicht da ist! Nehmen Sie sich etwas Schönes vor, wenn Sie nicht berufstätig sind, und genießen Sie die Zeit allein. Um so schöner wird Ihr gemeinsamer Nachmittag werden!

Hilfreich ist es auch, stets einen guten Kontakt zur Erzieherin zu haben. Sie können ihr ruhig »beichten«, daß es Ihnen schwerfällt, Ihren kleinen Liebling loszulassen, und sie bitten, Ihnen ein wenig zu helfen. Es ist ganz normal, daß Sie nach Jahren innigen Zusammenseins nicht von heute auf morgen die »Coole« sein können, die ihr Kind unbeschwert einer fremden Person überläßt.

Nicht nur Ihr Kind, auch Sie selbst haben ein Recht darauf, Vertrauen zu schöpfen. Eine gute Beziehung zur Bezugsperson Ihres Kindes ist daher eine wichtige Voraussetzung für jede Art von »Fremdbetreuung«.

Vermeiden sollten Sie Schuldzuweisungen oder nicht zu rechtfertigende Kritik an Erzieherinnen. Dadurch vergiften Sie die Atmosphäre und schaden sich selbst und Ihrem Kind.

Sachliche Kritik wie zum Beispiel: »Ich würde mich freuen, wenn Sie Larissa morgens persönlich begrüßen. Es fällt ihr dann viel leichter, sich von mir zu trennen!« Oder »Bitte helfen Sie mir, dieses kleine Abschiedsritual zu gestalten. Ich glaube, wir werden alle Gewinn daraus ziehen« kann dagegen deutlich machen, daß Ihnen Ihr Kind nicht gleichgültig ist und daß Sie auf gute Zusammenarbeit Wert legen.

Sollten Sie sich selbst bei der Feststellung ertappen, daß Ihnen das Größerwerden Ihres Kindes Angst macht und Unbehagen auslöst, kann das ein Alarmsignal sein. Es ist dann höchste Zeit, daß Sie in Ihrem Leben einen Sinn außerhalb der Kindererziehung finden. Der Fluß der Wandlung läßt sich nicht aufhalten. Loslassen will gelernt sein – vielleicht auch mit fremder Hilfe.

Es gibt heute immer mehr Mütter, die sich zum Geldverdienen gezwungen sehen oder ganz bewußt dafür entscheiden. Was Kindergärten heute unseren Kleinen bieten, können nur wenige Mütter zu Hause ersetzen. Es gehört eine

Menge Kreativität, Gelassenheit, Hingabe und technisches Können dazu. Dreijährige Kinder können also in der Regel sehr vom Kindergarten profitieren, weil sie dort nicht nur andere Kinder zum Spielen finden, sondern auch vielfältige Anregungen für ihre körperliche, geistige und seelische Entwicklung erhalten.

Voraussetzung für eine solche Entwicklung ist immer die sichere Bindung – in erster Linie an die Eltern, aber auch an eine Bezugsperson im Kindergarten.

Der Kindergarten

Er steht am Ende der drei Jahre.
Wie ein Schild.
Eine Kreuzung.
Ich bin bestimmt so aufgeregt wie Du.
Ich begleite Dich, ich halte mich im Hintergrund – aber ich bin da.
Während die anderen Kinder lachen, plaudern, malen, Städte bauen, suchst Du ängstlich immer wieder meinen Blick: Ja, ich bin noch da.
Ich bin die einzige Mutter im Raum. Von den anderen Kindern werde ich als willkommene Abwechslung betrachtet; ich fühle mich als Fremdkörper ... ich denke: Besser sanftes Gleiten als ein abrupter Sturz.
Sturz in die unzähligen *ersten Male*:
Zum ersten Mal ein neues fremdes Haus, in dem Du bleiben sollst, einige Stunden, ohne mich.
Zum ersten Mal Trauben fremder Kinder um Dich herum, die Du nicht kennst – Du bist der *Neue*.
Zum ersten Mal Lärm, den ich nicht abschirmen kann – Du entkommst aus meiner Stille, der wärmende Mantel, den ich Dir umgelegt hatte, gleitet langsam herab.
Ich sitze kauernd auf einem der kleinen Stühle und suche einen günstigen Moment – des Abschieds.
Heimlich sich davonmachen?
Eine große Szene mit Kuß, Winken?
Du spürst meine Unsicherheit, meine Nervosität ...
klammerst Dich an mich ...
Jetzt kommen Tränen.
Ich fürchte mich und bin so klein wie Du.
Meine Angst fließt in Deine Angst und wieder zurück.
Wir beide weinen, Du sichtbar und ich unsichtbar.
Die Erzieherin gibt mir ein Zeichen.

Ich gehe.

Es gibt Musik.

Ich gehe sehr schnell. Durch einen Spalt der Tür sehe ich noch, wie Du lächelst.

Du hast ein Triangel in der Hand.

Mich beruhigt das. Mit Liedern ging es Dir immer gut.

Irgendwie finde ich in den Flur und den Ausgang.

Wieder eine Schwelle.

Kinderzimmerschwelle. Zum ersten Mal aufrecht, ohne Hand. Die Monate rasen an mir vorüber.

Ich schaue nicht zurück, drehe mich nicht um.

Nur zwei Stunden denke ich, nur zwei Stunden.

Wiedersehen am Zaun. Der Garten wird zum Symbol, zum Rettungsanker.

Hier stehen die Mamas, sagst Du.

Ihr rennt.

Rennt um die Wette.

Du preßt Deinen Kopf zwischen die Stäbe.

Ich bin die erste von allen Müttern.

Ich habe es Dir versprochen.

Ich genieße die Augenblicke, Dich zu beobachten, noch bevor Du mich entdeckt hast.

Das bist Du, im Sand, an der Schaukel . . . unsicher, immer in der Nähe der Erzieherin.

Immer ein Stückchen weiter entfernt, jeden Tag.

Manchmal kommst Du mir lachend entgegen, manchmal mit Tränen in den Augen und verzweifelt.

Wie oft hat er geweint?

Winken.

Kuß.

Bis später am Zaun!

Die Rituale helfen uns.

Wir üben *Abschied*.

Zu Hause singst Du mir vor.

Der Vater im Himmel hat Dich lieb, der Vater im Himmel hält die Hand über Dich, der Vater im Himmel hat Dich lieb.

170

Das Lied kenne ich nicht.

Du sprichst bei Tisch ein Gebet.

Wir reichen uns die Hände, nach guter alter Sitte ...

Das Gebet kenne ich nicht.

Ich lerne von Dir.

In den ersten Wochen antwortest Du auf meine Frage, was Ihr im Kindergarten gemacht habt:

Nichts.

Es ist gut, im Frühling loszulassen.

Draußen tummeln sich Vögel in den Zweigen.

Da ist eine neue Blume, blau heißt immer Veilchen.

Am Anfang sagst Du jeden Morgen

Ich gehe nicht in den Kindergarten.

Ich nicke stumm und nehme Dich an der Hand. Du lächelst.

Aber Du mußt so sehr winken, daß Dir der Arm richtig weh tut!

Auch Du willst mir weh tun.

In diesem Frühling tun wir beide einander weh.

Der Mandelbaum ist jetzt voll erblüht, und seine rosa Blüten leuchten im dunklen Abendhimmel.

Leise kommt die Nacht, hat mir eine Mama mitgebracht.

Ja.

Ich bin da. In der Dunkelheit, im Schmerz ...

Ein Leben lang hört das nicht auf. Dieser Gedanke ist schrecklich und schön zugleich.

Nein, nicht ich, nicht ich behüte Dich ein Leben lang, sondern das, was *Mama* in mir heißt:

Warm, immer lächelnd, summend und ohne Ende.

Alle Kindergartenkinder stürmen jetzt los. Ich ziehe meinen Mantel enger um mich.

Heute ist es besonders kalt am Zaun.

Drei Jahre – und alles gelaufen?!

Du schmiegst Dich an mich.

Bespritzt mich mit Wasser.

Steigst auf einen Stuhl und rufst laut:

»Mama, ich bin viel größer als Du!«

Beim Einschlafen ziehst Du mich noch einmal an den Haaren, ganz zärtlich.

Du selbst hast ein kleines Wesen zu betreuen; Lumpi, der Hund, der aussieht wie ein Bär. Er folgt Dir überallhin, unterhält sich mit Dir, Du teilst sogar die heißgeliebten Pommes frites mit ihm . . .

»Hab keine Angst, ich bin doch da«, beruhigst Du ihn, dann wenn Du selbst Dich fürchtest.

Ich lächle. Ein schönes Spiegelbild . . .

Auch wenn ich schimpfe, liebst Du mich, seltsam, auch wenn ich *nein* sage, bist Du mit dankbar.

Auch Du sagst *nein* zu mir und *doch.*

Nicht so häufig, wie ich befürchtete, vor einigen Monaten noch.

Du schlägst mir Kompromisse vor, lächelst dabei.

Der Schubkarren muß mit.

Bis zum Fluß, Entenfüttern.

Ich stelle mir das vor und schüttele den Kopf.

Bis zum Schulhof, sagst Du voller Selbstvertrauen.

Ich nicke.

Stolz schiebst Du Dein Gefährt durch den Schnee.

Ganz allein, ohne meine Hilfe. Spaziergänger kommen vorbei.

Wenn man so angestrahlt wird!, meint die ältere Frau.

Du weißt, wer Du bist:

Du tanzt gern, Du willst einen ganzen Apfel, und die Frau mit den kurzen braunen Haaren in Deinem Bilderbuch gefällt Dir gar nicht.

Dagegen sehr die rosafarbene Hyazinthe in unserem Wohnzimmer.

Du schmust heute mit allen, die Du liebst. Du bereitest Deinem Lumpi ein Bett im Wäschekorb und ziehst ihm langsam und voller Geduld die Sandalen an, die Du selbst im Sommer vor einem Jahr getragen hast, mit anderthalb.

Du hast eine kleine Schwester, süß, zärtlich, wie Du, und manchmal ein wenig laut und frech.

Du schubst sie bei ihren ersten Laufversuchen und hältst ihr das morgendliche Fläschchen... Du streichelst ihre winzigen Zehen und reißt ihr die Puppe aus der Hand.

Ich sehe die Angst und das Leid in Deinen Augen und nehme Euch beide in die Arme.

Du verlangst eine Windel von mir... die Zeiten auf der Wickelkommode haben Dir gefallen: Bilderbücher, Geschichten, Lieder, Streicheln, Schmusetiere... noch einmal Baby sein.

Zwei Hasen trägst Du spazieren.

»Sie müssen die Eier verstecken,« sagst Du ganz ernst zu mir.

Ich nehme Dich ernst. Deine Welt ist ganz und ich genieße es, noch einmal daran teilzuhaben: Es gibt Sandmännchen, Dein Kinderzimmer ist das Haus der sieben Zwerge, und sogar Wolken kann man essen.

Irgendwann kommt das Andere, Wirklichkeit nennt man es, glaube ich, irgendwann, aber nicht jetzt, nicht heute...

Die Englein streicheln Dich im Schlaf, und Deine Ohren heißen Wurzel und Purzel.

Jeden Abend erzähle ich Dir und Deiner kleinen Schwester die Geschichte vom Rotkäppchen und dem Wolf.

Wau-Wau, sagt die Kleine zum Wolf.

Er kommt aus dem Wald.

Er mag Kuchen und keinen Wein, und ihm gefallen die Rosen vor Großmutters Haus.

Auf dem Rückweg von Großmutters Haus begegnet ihm Rotkäppchen noch einmal, und er läßt sich sogar ein wenig streicheln...

Er ist nicht nur böse.

Heute sagst Du mir, wen Du zum Geburtstag einladen möchtest, und Du wünschst Dir eine rosa Torte ...
Mit Blume, denke ich, und Clownsgesicht.
Und Deinem Namenszug: Toni.
Du wirst in wenigen Tagen drei Jahre alt.

Zitate der Liebe

Ich hab Dich so lieb, daß ich's gar nicht sagen kann ... ich hab Dich 10253017 mal lieb ...

ich hab Dich lieb, auch wenn Du schimpfst ...

Mama, ich habe meine Ostereier rosa gemalt, weil Du Rosa so sehr magst ...

Mama nicht küssen, Denny küssen ...

Mama, ich muß Dich immer wieder anschauen, weil Du so schön bist ...

Mama, ich muß Dir etwas sagen: *Ich freue mich schon so auf den Muttertag ...*

hier, Mama, auf dem Schokoladenpapier sind Deine Lieblingsblumen abgebildet, ich schenke es Dir ...

ich hab Dich so lieb, wie ein Hund beißen kann.

Tony M., 3 1/2 Jahre

abschied, wie heute

wie heute
das entscheidende tun
ein blick, der blau bleibt
ein lächeln, länger
lauscht noch
wie heute wohl
die schritte auf dem pflaster klingen
deine hände spüren meiner stimme nach
gehen hell auf dem piano
und dann dunkel allmählich
abgelöst
der tag
wie heute wohl die sonne untergeht

dein kleines gesicht dreht sich mir
noch einmal zu

Wie beginnt die Liebe?
Gedanken zur Entstehung der Bindungs- und Liebesfähigkeit

Wir konnten verfolgen, wie Liebe entsteht, verweilt, verfliegt und wiedergewonnen wird – in einem ständigen Fluß.

Wir konnten uns selbst erfahren, Einblick halten in die eigene Liebesgeschichte, unsere Bindungen an die Eltern nochmals nachvollziehen ...

Wie können wir Liebe lernen, wie Liebe lehren?

In Liebe empfangen, schon das ist die erste günstige Voraussetzung für die noch ungeformte Seele.

Die Geburt: Die unfaßbare Einheit ist gesprengt. Die erste unwiederbringliche Trennung.

Hier kann Liebe Ruhe bedeuten, Freude über das Ereignis, der Wunsch, dieses ureigene Wesen nun auch außerhalb des Körpers zu erleben, es zu hören und ihm in die Augen zu sehen.

Der Blick, der erste, sät Liebe. Das unvermeidliche Zerreißen der Symbiose macht Liebe so notwendig und schön. Wie liebe-voll von nun an die Wellenbewegungen von Binden und Loslassen verlaufen, bestimmt die Liebesfähigkeit des kleinen und später auch des erwachsenen Menschen ...
Eingebunden in diese Spirale: die Herausbildung des Individuums.

Fast körperlich fühlbar ist für die Mutter diese Kontinuität.

In den ersten Monaten ist Liebe Halten. Körperkontakt, am vollkommensten ausgedrückt im Vorgang des Stillens ... einer Fortsetzung der Symbiose ... Nähe, Tragen, Schaukeln, Wiegen ... aber auch Ruhe gönnen, wenn das Baby – noch ganz dem Zwischenreich verbunden – diese braucht, um die Eindrücke auch des liebenden Gesichtes aufzunehmen – Liebe braucht viel Zeit in der Stille.

Schutz, das Fernhalten von überflüssigen Reizen und die sofortige Befriedigung der Grundbedürfnisse schaffen Vertrauen, das in Liebe verwandelt wird.

Anderthalb – ein Wendepunkt:

Ängste treten auf; vor allem die Trennungsangst überfällt mit Macht das Kleinkind, dem gleichzeitig neue unendliche Möglichkeiten offenstehen:

Der aufrechte Gang außen und die Phantasie innen.

Phantasie – für Eltern eine oft ungenutzte Chance; mit Bildern lassen sich Konflikte lösen, Strafen vermeiden und Enttäuschungen ertragen. Die Welt wird weniger voll sein von wilden Tieren, und die Dunkelheit wird entschärft...

Malen, Singen, Geschichten erzählen, Basteln, Rollenspiele ... genießen wir diese für uns verlorene Welt noch einmal!

Auch Rituale schaffen Bindungen: feste Tagesabläufe ebenso wie ganz bewußte Abschiedsrituale, denn die Abschiede von der Mutter werden sich von nun an mehren; schmerzhafte und notwendige Trennungen von der Mutter werden *geübt*. Wir können sie positiv gestalten, ja feiern, sie können sogar *Spaß machen* und verlieren dadurch ihren Schrecken für Mutter und Kind: *Rituale als ein Gefäß für Unsicherheit.*

Lassen wir auch hier unsere Phantasie blühen!

Die erwachenden Emotionen: eine weitere Chance, Bindungen zu schaffen und Loslassen zu ermöglichen. Angst, Wut, Freude, Enttäuschung – *ich verstehe, daß Du traurig bist ... mir geht es genauso, ich bin auch enttäuscht* – Einfühlung kann Wunder bewirken, das Kind fühlt sich angenommen in seinem Selbst, das noch so verwundbar ist...

Einfühlung hilft uns auch, die Rückfälle in die Babyzeit zu verstehen, wenn ein Geschwisterchen geboren wird; ich konnte lächelnd zulassen, daß mein Sohn wieder krabbelte, einen Schnuller verlangte und auf dem Arm gewiegt werden wollte ... *die Babyzeit war so schön* ... sagte er, und das wiederum stimmt uns weich und verständnisvoll ... vielleicht entdeckte er ja gerade seine eigene kurze Vergangenheit.

Und der Trotz?!

Möchtest Du bei mir oder deiner Schwester schlafen?

Meinst Du, Du kannst Deinen Ball selbst tragen?

Lassen wir das Kind entscheiden, wenn es möglich ist; es darf und kann etwas, es ist uns nicht mehr gänzlich ausgeliefert. Es entsteht eine entscheidende Wechselwirkung: Liebe gibt Zutrauen; der kleine Mensch, der sich selbst liebt, kann auch andere lieben. Lob und Bestärkung können wir nicht zuviel geben. Ist ein Reservat von Nähe und Liebe gegeben, können wir innerhalb der Grenzen loslassen.

Gerade bei Konflikten können wir als Eltern die Dimensionen der Liebesfähigkeit vorleben: Bei Raufereien, den Streit um ein Spielzeug oder den größeren Nachtisch – das lehrt verzeihen, versöhnen, einen Irrtum zugeben, ja, sogar sich entschuldigen. Ein zweijähriges Kind ist in der Lage, sich in den Schmerz eines anderen einzufühlen und kann sich somit auch sein Bedauern ausdrücken. Ganz wichtig sind die Ausdrucksformen von Gefühlen:

Wir können stumm bleiben und einförmig, oder aber wir singen, erfinden Reime und Gebete, wir schauen zusammen in Ruhe Bilderbücher an ... der gemeinsame Genuß von schönen Dingen, ein Sonnenuntergang oder ein Herbstwald vermitteln Wärme und Geborgenheit.

Das Kind lernt eigene differenzierte Gefühle zu empfinden und diese vor allem auch auszudrücken und dadurch zu bewältigen. Wir können ganz entscheidend dabei helfen.

Die Symbiose am Beginn der Beziehung von Mutter und Kind kann am Ende der ersten drei Jahre zur Partnerschaft werden – von zwei Menschen, die sich lieben und auch um ihre Liebe wissen.

Der kleine Mensch in der Dualität von innerer Heimat und Forscherdrang; ein sensibles Gleichgewicht, das gerade in den ersten drei Jahren intensiv bewegt und erschüttert wird;

erst die Pubertät bietet wieder ein vergleichbares Spannungsfeld: Kleinkinder ebenso wie Jugendliche müssen ihre Identität begründen, das verläßliche Gefühl von Liebe im Rücken und vor sich die Perspektive persönlicher Handlungsfreiheit.

Die Fähigkeit zu lieben wird nicht zuletzt unterstützt durch uns Eltern als Paar, als *Liebespaar*!

Wie können wir Liebe vorleben, ausdrücken, Zärtlichkeiten austauschen, in einem weichen Ton sprechen, eine Atmosphäre der Liebe schaffen – *die Liebe zu unserem Partner ist das größte Geschenk für unsere Kinder.*

Scheinbar einfach und doch sehr oft undurchführbar!

Zärtlichkeit im Alltag, Umarmungen, zufällig und ehrlich – dürfen, ja sollen sein; das Bewußtsein für einen liebevollen und zugleich unaufdringlichen Körperkontakt ...

Eine glückliche Situation: mein Mann und ich umschlingen uns – mitten in der Wohnküche beim sonntäglichen Frühstück; unsere beiden Kleinen, Bruder und Schwester, viereinhalb und drei Jahre alt, tun unwillkürlich dasselbe, ganz selbstvergessen und hingebungsvoll – ohne Aufforderung, ohne Worte ...

Sprachen der Liebe: Auch die Vermittlung der Existenz einer transzendenten Kraft – wir nennen sie Gott –, die auch die Eltern einschließt; mit all ihren Gestalten, Feiern und Bildern, schafft sie Trost. Trost gibt wiederum Vertrauen, Sicherheit; wer Trost empfängt, kann ebenso lieben ... Ängste, und die sind gerade in den ersten drei Jahren beherrschend, und Verkrampfungen können losgelassen werden ... bei Mutter *und* Kind!

Die ersten drei Jahre: die Liebes- und Bindungsfähigkeit beim kleinen Menschen blüht und wächst, oder aber sie kümmert und liegt brach ...

An das Ende dieser Gedanken möchte ich eine Meditation stellen, die mir bei der Vertiefung in dieses Thema vor Augen war:

Ohne Schwere und mit leeren Händen bin ich aus dem Verborge-
nen ins Licht gekommen, nackt – Du gibst mir Nahrung, Du gibst
mir die Wärme Deines Körpers, Du gibst mir Dein Lächeln zum
Atmen, Du schaust mir in die Augen, Tag für Tag, daß sie sehen
mögen, den Himmel und die Erde, und lernen, beides voneinander
zu unterscheiden, Du streichst mit Deinen Lippen über mein Ohr,
daß ich die Klänge der Welt erkennen möge und Deine Stimme von
allen anderen unterscheiden vermag, denn Deine ist die Stimme der
Liebe und dieses Lied, das Lied der Liebe gebe ich weiter . . .

Literatur

Ayres, Jean A.: Bausteine kindlicher Entwicklung. Die Bedeutung der Integration der Sinne für die kindliche Entwicklung, Berlin/Heidelberg/New York/Tokio 1984

Biddulph, Steve: Jungen! Wie sie glücklich heranwachsen, warum sie anders sind – und wie sie zu ausgeglichenen, liebevollen und fähigen Männern werden, München 1998

Biedermann, Heiner: »Kiss-Kinder-Kopfgelenk-induzierte Symmetriestörungen beim Neugeborenen«. In: Hebammen Zeitschrift 11 (1999), S. 13–19

Bowlby, John: Mutterliebe und kindliche Entwicklung, München/Basel 1995

–: Elternbindung und Persönlichkeitsentwicklung. Therapeutische Aspekte der Bindungstheorie, Heidelberg 1995

Brisch, Karl Heinz: Bindungsstörungen. Von der Bindungstheorie zur Therapie, Stuttgart 2. Aufl. 1999

Cowan, Carolyn P. und Philip A.: Wenn Partner Eltern werden. Der große Umbruch im Leben des Paares, München 1999

Handbuch Elternbildung, hrsg. vom Deutschen Familienverband, Band 1: Wenn aus Partnern Eltern werden, Opladen 1999

Finger, Gertraud: Ja, mein Kind ist anders. Ein Mutmachbuch für Eltern behinderter Kinder, Zürich 2000

Grossmann, Klaus E. und Grossmann, Karin: Bindungen. In: Handbuch Elternbildung, S. 507–532

de Jong, Theresia Maria und Cremer, Andreas F.: Im Dialog mit dem Ungeborenen, Zürich / Düsseldorf 1998

Juul, Jesper: Das kompetente Kind. Auf dem Weg zu einer neuen Wertgrundlage für die ganze Familie, Reinbek 1997

Liedloff, Jean: Auf der Suche nach dem verlorenen Glück. Gegen die Zerstörung unserer Glücksfähigkeit in der frühen Kindheit, München 1999

Maiden, Anne Hubell und *Farwell, Edie:* Willkommen in dieser Welt. Die tibetische Kunst, Kinder ins Leben zu begleiten, München 1999

Marcovich, Marina: Vom sanften Umgang mit Frühgeborenen. Neue Wege in der Neonatologie. In: Rinnhofer, S. 175–186

Neumann, Ursula: Wenn die Kinder klein sind, gib ihnen Wurzeln, wenn sie groß sind, gib ihnen Flügel. Ein Elternbuch. 15. erweiterte Neuauflage, München 2000

Papousek, Mechthild: Wie können wir die Entwicklung unseres Kindes fördern? In: Handbuch Elternbildung, S. 485–498

Preuschoff, Gisela: Von 0 bis 3. Alltag mit Kleinkindern, Köln 12. Aufl. 2000

Rinnhofer, Heide (Hrsg.): Hoffnung für eine Handvoll Leben. Eltern von Frühgeborenen berichten, Erlangen 2. Aufl. 1997

Schiefenhövel, Wulf: Der bessere Schritt ins Leben. Marina Marcovichs neue Weise der Behandlung Frühgeborener. In: Rinnhofer

–: Ethnologisch-humanethologische Feldbeobachtungen zur Interaktion mit Säuglingen. In: Fortschritte der Sozialpädiatrie, Band 13. Der unruhige Säugling, Lübeck 1989

Schindler, Margarethe: Kinder loslassen, wann und wie, München 1999

Stern, Daniel N.: Geburt einer Mutter. Die Erfahrung, die das Leben einer Frau für immer verändert, München 2000

von Sydow, Kirsten: Sexualität nach der Geburt. In: Handbuch Elternbildung, S. 385–428

Wölfel, Ursula: Fliegender Stern, Ravensburg 1996

Zimmer, Katharina: Das wichtigste Jahr. Die seelische und körperliche Entwicklung im ersten Lebensjahr, München 1987

–: Schritte ins Leben. Die seelische und körperliche Entwicklung von Kleinkindern, München 1991

–: Warum Babys und ihre Eltern alles richtig machen. Über die ungeahnten Fähigkeiten, die ihnen die Natur in die Wiege gelegt hat, München 1997

–: Gefühle – unser erster Verstand, München 1999